超馬紀錄保持人的馬拉松訓練書

砂田貴裕

瑞昇文化

序言

我是100公里超級馬拉松的世界記錄保持人。雖然不怎麼廣為人知，不過自從我在1998年締造了6小時13分33秒（平均速度為3分44秒／公里）的世界記錄以來，迄今仍然無人打破這項記錄。

現在的我指導著為數不少的市民跑者，3小時以內跑完全程馬拉松的「破3」，是市民跑者中尤其被稱為「高階跑者（Serious runners）」的中．高級跑者的一大目標。

市民跑者在練習會或聚會等場所遇到，都有過藉由「你用多少時間來跑（全程馬拉松）？」作為共同的話題，詢問或被詢問的經驗。

當下不是回答「4小時～」或「3小時～」，而是用像是沒事一般的態度告知對方「2小時～」，從中獲得優越感。看到對方聽到後做出「你破3了嗎！」的反應，則令快感更上一層樓。

雖然總會習慣，但是達成破3後，有一陣子會沉浸在這樣的快感裡。就像這樣，達成破3可以說是「市民跑者的動章」也不為過。

實際上，達成破3的跑者，據說不到全程馬拉松的5％。

不用說破3，以破4（4小時內跑完全馬）或破3.5（3.5小時內跑完全馬）為目標，就差一步卻無法達成的市民跑者大有人在。

有很多跑者開始接觸跑步後，好幾年都順利地更新記錄，但在面對告個段落的大目標時卻成績停滯不前，為此懊惱不已。

我想提供跑者一個打破現狀、刷新個人最佳記錄的契機，於是寫下了這本書。

雖然跑步或是馬拉松的指南書很多，但我的立足點或許有點不一樣。

現役時代我雖然曾隸屬於企業集團之下參加馬拉松，但是練習環境並沒有比別人好。

現役的絕大部分期間，我沒有跟教練學，而是每天一邊工作，一邊在腦袋裡安排練習內容進行「自我規劃（Self Produce）」。在這點上，我和公務員跑者的川內優輝選手類似。

這段期間（另於152頁詳述）我動了腿部手術，作為復健的一環，出場比賽的是100公里超級馬拉松。現役馬拉松跑者出賽超級馬拉松，這在當時是非常稀有的事，因而締造了世界記錄。

在馬拉松界有個「一旦跑了超級馬拉松，馬拉松就會變慢」的說法，無論在當時還是現在，這樣的觀念一樣根深柢固，在我推翻這項說法，創下超

級馬拉松的世界記錄後，在柏林馬拉松以2小時10分8秒寫下自己的最佳記錄。

就「如何有效率且快速地跑完超越人體極限的長距離」這一點，無論是全程馬拉松還是超級馬拉松，都有著許多的共通點。

我認為全程馬拉松是一項只要保持合理的姿勢，之後貫徹練習菜單，就能變快的「簡單至極的運動」。

因此，在本書的第1章和第2章，我將徹底解說有效率的跑馬拉松所需的姿勢。重點就在於「腹部」。

從第3章到第5章，我將針對以實現破4、破3.5、破3為目標的具體練習方法做詳細的介紹。

接著在第6章，我將介紹面對比賽時不可欠缺的知識及技術。練習時明明跑得很快，正式比賽成績卻不理想的跑者，務必要看。

在最後的第7章，我將以顛覆馬拉松界常識的自身經驗作為基礎，引導大家前往近來參加者越來越多的超級馬拉松世界。

書中或許有著不同以往的常識內容，其中應該隱藏著一些有助大家刷新自己最佳記錄的提示。

那麼就請大家一邊享受內容，並且立刻加以實踐看看。相信立刻就能看得到效果！

目錄

第2章 以旋轉跑步法輕鬆進行長距離跑步

第3章 一定能夠達成自己的最佳記錄！砂田式訓練

第4章 馬拉松有七成是以心理素質來決定勝負

第5章

一定能夠達成破4／破3．5／破3！

砂田式3個月訓練計劃

第6章 砂田式比賽攻略

第7章 藉由超級馬拉松讓全程馬拉松變快！

第 1 章

簡單！
掌握「腹部跑法」

對他人嚴格對自己寬鬆!?

姑且不論是初學者，或是長年以來，平日累積練習與參加馬拉松比賽的老手市民跑者，為了刷新自己的最佳記錄，皆容易執著在「做什麼樣的練習？」這個點上。

可是，**明明很努力跑，卻一直無法更新自己的最佳記錄時，在思考練習內容之前，應該重新檢視跑步姿勢。**

在公園或大馬路上跑步，常有機會欣賞到其他跑者的跑姿。有時會覺得對方「跑得不錯」，不過大部分的情況應該是覺得對方「跑步的方式真奇怪」或者「左右平衡不太好」。那是因為採取沒效率的跑步方式的跑者非常多。

但是一般跑者很少有機會看到自己跑步時的姿勢，因而容易忽略這一點。**其**

他方面姑且不論，但在跑步姿勢這方面，「對他人嚴格對自己寬鬆」是市民跑者的通病。

採取沒有效率的姿勢，不管怎麼練習也看不到成果，還可能遭遇跑步障礙等麻煩。據說市民跑者中，每兩個人當中就有一個人身上帶有一些毛病，我認為造成這種現象的原因之一就是錯誤的跑步姿勢。

一般人對於跑步的定義就是用雙腳跑步，「以下半身為中心運動」的先入為主觀念似乎很強烈。姑且不論是短距離，或是像全程馬拉松或超級馬拉松（比全程馬拉松更長距離的長距離跑步）一樣，超越人體極限的長距離，只是仰賴雙腿的跑步方式，身體會支撐不了，也無法期望能有好成績。

因此，我提倡的是把注意力放在位於身體中心的「腹部」之跑步法。命名為「腹部跑法」。

何謂「腹部跑法」？

所謂「腹部跑法」，是一種符合跑步這項運動特性，更自然的跑步方式。

第一，「腹部跑法」契合人體的構造。

人體運動中心的重心，位於腹部周圍。說得更正確一點，身體重心位於背脊末端的「薦骨（仙骨）」附近。

不限於跑步，大多數的運動都是一邊抵抗地球的「1G」重力一邊進行。成為兩者中心的就是身體的重心，因此，將意識集中在腹部的「腹部跑法」，就是符合人體構造的有效率跑步法。

第二，「腹部跑法」符合跑步這項運動特性。

一邊保持前傾姿勢，一邊以著地時的推進力前進，是跑步這項運動的特性。

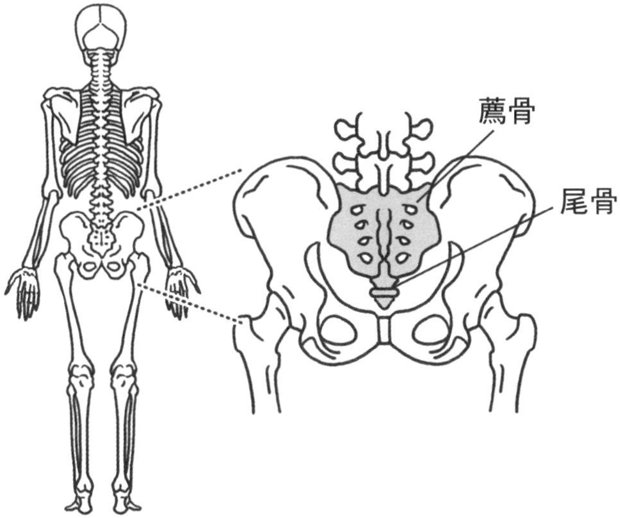

身體重心位於與骨盆合成一體的「薦骨」附近。

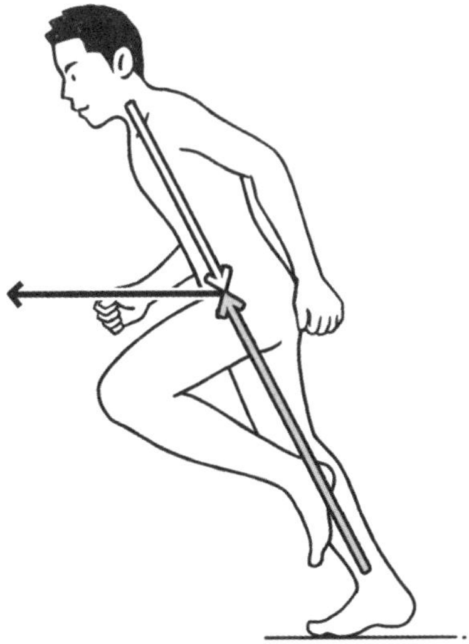

一邊保持前傾姿勢一邊前進，是跑步的運動特性。

原地向上直跳，就像把橡皮球砸在地上一樣，著地時的衝擊會由地面反彈回來。

而那只是向上直跳而已，所以可藉由前傾姿勢獲得前進的力量。維持前傾姿勢的主要作用肌是腹肌。

比起體幹或骨盆，更容易將意識集中在「腹部」上

請對腹部稍微用力看看，這樣一來，將會造成包覆內臟等器官的腹膜袋的「腹壓」隨之上升。而存在於腹腔中的腹膜袋，是由貼近骨骼的深層肌肉（InnerMuscle）所構成。

一旦腹壓升高，想要伸展背肌的力量（伸展力矩）就會開始作用，使得骨盆

「前傾」，腰部位置抬高，變成有效率的跑步方式。

相反地，一旦駝背，就會發生骨盆「後傾」，腰部位置下降，變成效率不佳的跑步方式（所謂骨盆後傾，也就是肛門向前的「撅屁股」）。

大多數的市民跑者，因為辦公等而長時間久坐，導致背部彎曲呈駝背狀，容易造成骨盆後傾，腰部位置下降。

然而，只要腹部稍微用力，就能立刻讓姿勢獲得穩定，維持腰部的位置，形成有效率的「腹部跑法」。

請再試一次筆直站立，像拿著重物時一樣，輕輕收縮腹部。應該可以立刻感覺到腹壓升高，背部肌肉有伸展的感覺。這是藉由伸展力矩使背肌呈現伸展的狀態。

在馬拉松的教練學中，常聽到「運用體幹跑步」或是「將注意力放在骨盆上跑步」的指導。

若把細節放在一旁，運用「腹部跑法」和運用體幹或骨盆的跑步法，並沒有太大的差別。

但是，就算是位在身體內側的體幹或骨盆，實際上連我也不容易想像。在這點上，「腹部」比較容易專注、實踐，所以我以「腹部跑法」作為指導方法。

腹部用力，讓身體從頭到腳呈一直線

依照田徑比賽規則規定，４００公尺及４００公尺以下的競賽項目，必須使用「蹲踞式起跑」。

所謂蹲踞式起跑，就是將雙腳放在起跑器上，雙手向前，重心放在雙手上起跑的方法。

蹲踞式起跑的重點在於，以幾近倒下的身體前傾姿勢把身體推向前方，體重放在雙手和前腳上。接著在放開雙手，上半身往前倒的同時，前腿用力蹬離起跑器，就能迅速前衝出去。

即使同樣是跑步，短距離跑和馬拉松存在不少差異，但是有關於「腹部跑法」重視的前傾姿勢方面，跟短距離跑的蹲踞式起跑有著相同的概念。

身體前傾重心往前移，在快跌倒時一隻腳往前跨步以支撐身體重量。重覆這個動作向前前進，可以有技巧地利用重力，減少不必要的體力耗損，跑得更有效率。

即使是企業集團的田徑部，教練也會從前方用兩手幫忙支撐選手的胸部，提醒選手們注意前傾姿勢。

這時重要的是，確實運用腹肌，讓身體從頭到腳保持一直線。身體盡量保持直線狀地向前傾。

當駝背或骨盆後傾造成腰部位置下降時，身體不管再怎麼前傾，也無法獲得期望中的推力。

駝背會使胸廓變窄，肺部無法正常膨脹，而腰部位置一旦下降，步幅也會無法加大。

「腹部跑法」適合我們的體型

「腹部跑法」很適合我們的體型。

就像不同的人種有不同的膚色一樣，體格及骨骼等結構，也會因為人種而有所不同。現代人的體型，雖然跟以前比起來，手腳變長了，若跟歐美人或非洲人相比，還是身體長腿短。「腹部跑法」就是適合身體長腿短這一類體型的跑步法。

因馬拉松的電視解說而廣為人知的金哲彥教練，最早提倡將焦點放在體幹的跑步上，取名為「體幹跑步法」。金教練提出實踐方法的書籍成為長期暢銷書。表示實踐體幹跑步法的跑者很多。

金教練似乎是在觀察世界頂尖跑者暖身運動期間，發現所有的跑者都會對體幹肌肉給予刺激，從中獲得「體幹跑步法」的靈感。

對此，我的「腹部跑法」可以說是「大和魂（即是所謂的日本精神）」。就是根據我們的體型，專為了我們自己而設計的跑步方式。

體型像美國人的跑者，體幹短、腰高腿長的人，適合把下半身當作是一個彈簧，並加以活用的跑步法。那是運用令人羨慕的長腿所產生的步幅寬度，以及阿基里斯腱的伸縮的彈跳跑法。

阿基里斯腱是附著於小腿肌肉末端和跟骨的堅韌組織。小腿肚和阿基里斯腱相互連結，像彈簧一樣作用。

雖說席捲全世界馬拉松競賽的非洲跑者的跑法很帥氣，但在骨骼和體格上有所差異的我們，就算模仿那種跑步法也不一定會成功。

相反地，那樣跑會讓速度變慢，甚至有引發跑步障礙的風險。運用彈跳式的跑法，會對阿基里斯腱的負擔過重，但是大多數的非洲跑者，阿基里斯腱天生比我們長且厚實，因此不存在這樣的問題。

體幹長腿短的體格，似乎是體型差的典型代表，但是只要改變想法，反而最適合利用身體中心來跑步的「腹部跑法」。

日本人普遍認為體幹越長內臟越發達且健康，甚至長久以來會在學校的健康檢查中測量「座高」（坐於椅子上，量測椅面到頭頂的上半身體長）。由於不具意義，所以日本決定從２０１６年度開始廢除座高的測量，不過座高越高的人，假如可以反過來利用體幹長腿短這一點，就有可能可以輕鬆地跑步。

只要將注意力集中在腹部就能順暢跑步

各位看過在男子１００公尺田徑比賽中，以10秒成為日本記錄保持人（亞洲記錄第二名）的伊東浩司（日本甲南大學運動和健康科學教育研究中心助理教授）現役時代的跑步情形嗎？只要在YouTube影音分享網站搜尋就會找到，請務必看一次。

雖然馬拉松跟短距離是完全不同的領域，不過我認為他也是適合大多數人體型的「腹部跑法」的實踐者。

與歐美或非洲跑者相比體幹長，重心相對來得低，伊東先生利用這一點，以較低的重心起跑衝刺。

然後一邊保持前傾姿勢，一邊以柔軟的動作，從手指尖到腳尖完全運用，流暢地跑步。伊東先生按照這樣獨特的跑法，在1998年泰國曼谷所舉行的亞運會，以10秒的成績獲得男子100公尺冠軍，打破短跑記錄。

就像開車會用人車一體來形容一樣，駕駛人應該具備使汽車與自己合為一體的感覺。因此，有的駕訓班會指導學員「以前輪是兩肩、後輪是兩腳的感覺來開車」。我常常覺得跑步也是一樣。

想要自由地操控身體，重點在於能否將注意力集中在某處。在訓練的世界裡，有所謂「意識性原則」的規則，一旦將意識集中在要使用的肌肉上，該部位的肌肉就會容易產生作用。

肌肉的作用，是透過傳達腦部指令的運動神經來控制，一旦將意識集中在肌肉上，腦部就能將運動神經的開關開啟，調整成肌肉容易活動的狀態。

只要抱有以腹部為中心，強而有力地使用全身的概念，就能夠順暢地進行「腹部跑法」。

首先，試著從集中意識開始。

將意識集中於腹部的「腹部跑法」，有三大優點。請從下一頁依序加以檢視。

「腹部跑法」的優點①——少障礙

首先，「腹部跑法」具有將跑步加諸於身體的壓力，分散至全身的優點。跑步著地時，加諸於以腳踝和膝蓋為中心的下半身的衝擊力是體重的二到三倍。以體重70公斤的人為例，著地時他的腳部所承受的衝擊力，約為１４０公斤至２１０公斤。

假設步伐是1公尺的話，那麼在跑完全程馬拉松之前，左右腳合計著地就有42萬次以上。由於每次都要承受體重兩至三倍的衝擊，若無法巧妙地避開衝擊，對身體的壓力將慢慢累積。

因過度練跑，造成髖關節、膝蓋以及腳底等處出現障礙的市民跑者層出不窮。如前面提到的，市民跑者中，每兩個人當中就有一個人身上帶有一些毛病。

連日的練習造成疲勞在下半身累積，在疲勞尚未消除的情況下繼續練習，就會產生障礙。

長距離跑步對於馬拉松是不可欠缺的練習。但是，不是將適當的距離及強度置之度外，一味地延長跑步距離就會變強。就像各界再三指摘的一樣，我認為市民馬拉松界有過度的距離迷思。

想要變強，不患有跑步障礙是絕對條件。在賽馬的世界裡，有句話說「無事是名馬」，正是因為全身上下沒有障礙，才能完成為了變快的間歇跑或配速跑的高強度訓練。

過去曾經患有跑步障礙的人，請務必體驗看看「腹部跑法」。

在「腹部跑法」，腹部可以緩和大部分的衝擊，減輕對足腰的損傷。保護腹部的腹肌，在體內肌肉中為持久力高且強健的肌肉，出毛病的風險也較低。

一般認為，單月跑步距離超過２５０公里，發生跑步障礙的跑者就會增加，若是藉由「腹部跑法」分散衝擊來進行訓練，就算單月跑步距離延長至８００公里，自然也較不容易發生障礙。

「腹部跑法」的優點②——跑步姿勢越來越好

一旦採行「腹部跑法」，跑步姿勢會越來越好。即使不刻意做像是腹肌運動的肌力訓練，只要採用「腹部跑法」來跑步，自然可以鍛練腹部肌肉。

接著就來說明原因為何。

簡單的一句「腹肌」，卻分為覆蓋於身體表面的肌肉（outer muscle）以及位於體內深層的肌肉（inner muscle）。

腹部的表層肌肉為「腹直肌」和「腹外斜肌」，深層肌肉為「腹內斜肌」和「腹橫肌」。

此外，仰臥起坐這類的腹肌運動和「腹部跑法」，所鍛鍊的是不同部位的腹肌。

藉由腹肌運動鍛鍊的是外層肌肉的腹直肌和腹外斜肌。透過「腹部跑法」鍛鍊的則是深層肌肉的腹內斜肌和腹橫肌。

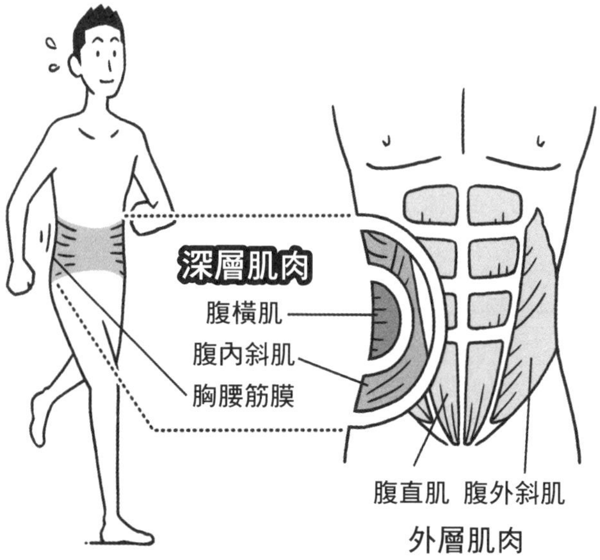

透過「腹部跑法」能夠鍛鍊到深層肌肉

一般來說，比起深層肌肉，外層肌肉擁有卓越的瞬間爆發力，做有力的收縮。從事腹肌運動這樣的高強度運動，只會鍛鍊到外層肌肉，沒有深層肌肉出場的餘地。

在這一點上，**「腹部跑法」對肌肉的負荷較少，所以比起外層肌肉，更能鍛鍊到深層肌肉**。

深層肌肉的腹橫肌，像是圍繞身體一圈的肌肉。如果更詳細的說明，腹橫肌和位在腰部背側部分的「胸腰筋膜」連接在一起。因此，藉由「腹部跑法」鍛鍊腹橫肌，能像用束腹帶束緊腹部周圍一樣，提高腹壓、伸展背肌，使姿勢變好。

也就是說，只要透過「腹部跑法」鍛鍊腹橫肌，就能伸展背肌修正姿勢，提高腹壓，讓伸展力矩變大。這樣一來，就能一邊保持穩定的姿勢，一邊使前傾姿勢的「腹部跑法」變得更順暢，形成良性循環。

「腹部跑法」的優點③——腹部周圍變平坦

如前面說明的，只要進行「腹部跑法」，就能強化腹部的深層肌肉——腹橫肌。而腹橫肌一旦像束腹帶一樣束緊腹部，腹部就容易變得平坦。

藉由腹肌運動鍛鍊腹直肌等的外層肌肉，不像腹橫肌一樣，具有使腹部平坦的作用。

不僅如此，要使腹部平坦、擁有六塊肌，只鍛鍊腹肌是不夠的。同時還需要燃燒多餘的體脂肪，就這一點來說，「腹部跑法」也比腹肌運動更有利。

讓我們試著簡單計算一下。做１００次腹肌運動，所需時間大約５分鐘。如果是體重70公斤的人，消耗熱量大約是30大卡。

另一方面，以「腹部跑法」進行30分鐘時速10公里的跑步，體重70公斤的人，大約可消耗350大卡的熱量。消耗的熱量是做100次腹肌運動的10倍以上。

每項運動根據強度所消耗的熱量並不相同。運動時的能量來源是「醣類」和「脂質」。兩者經常是同時被消耗，隨著運動強度的提升，醣類被利用的比例也會增加，相反地，運動強度低，脂質被利用的比例就會提高。

由於跑步強度低於腹肌運動，所以容易消耗多餘的脂肪。

仔細比較一下，就會發現腹部脂肪分為「皮下脂肪」和「內臟脂肪」。皮下脂肪位在皮膚底下「可用手指抓起的脂肪」，內臟脂肪則是囤積在腹部內臟周圍「不可用手指抓起的脂肪」。

當中採行「腹部跑法」最容易燃燒的是內臟脂肪。

從事像跑步這樣的運動時，會處於將人體的開關切換至活動模式的「交感神經」居優勢的狀態，從神經末端分泌可促進脂肪分解作用，稱為「腎上腺素」的荷爾蒙。內臟脂肪對於腎上腺素的感受性比皮下脂肪高，所以一旦跑步，就容易燃燒內臟脂肪。

做腹肌運動也會使交感神經居於優勢分泌腎上腺素，但由於運動時間短，不容易用到脂質，所以不太能期待達到減去內臟脂肪的效果。

雖然「腹部跑法」以外的跑步，持續進行就能獲得腹部平坦的效果，但是「腹部跑法」如前面所提到的，具有喚醒腹橫肌的以「束腹」效果束緊腹部的作用，所以是一舉二得的方法。

有時我會收到「為了強化跑步，最好做腹肌運動作為補強運動嗎？」的詢問。

這時我通常會回答「**不需要做跑步以外的補強運動**」。

某項運動所使用的肌肉，基本上只能藉由反覆進行該運動的動作，才能被鍛鍊到。這在訓練的世界，被稱為「特異性原則」。善意的提醒，透過腹肌運動鍛鍊出多餘的肌肉，甚至可能對跑步的動作產生不好的影響。

與其要撥出時間與體力在補強運動上，不如完成份內的練習所收到的成效更大。

藉由跑上坡學會「腹部跑法」

「腹部跑法」利用上坡來做練習，更容易抓到訣竅。

上坡時，為了不往後倒，上半身會微微向前傾以保持平衡。藉由這個動作，自然地對腹部的肌肉按下啟動按鍵，就能學會「腹部跑法」。

在跑上坡時，讓身體適當向前傾，將意識集中在腹部上。確實地將手肘往後

拉，在著地時讓膝關節承載體重。

一開始請試著將意識集中在腹部上。這麼一來，就算是不擅長上坡的人，應該也可以輕鬆地跑上坡。只要能夠輕鬆地跑上坡，就是學會「腹部跑法」的證據。

在我的練習會裡，會利用位在東京廣尾「有栖川宮記念公園」旁的坡道。一圈大約900公尺的路線繞跑六圈，由於最初的兩圈刻意慢慢跑，所以第一次參加的人會帶著「什麼啊，不是多難的練習」的感覺，一邊聊天一邊輕鬆跑。

不過從第三圈開始進行漸進加速跑後，每個人都沉默了，才跑到上坡盡頭來到平坦的地方，每個人的腳立刻僵硬得無法動彈。然後練習一結束，每個人說出的感想都是「想不到是這麼嚴峻的練習」。

認為跑上坡是一項罩門的跑者不在少數，這樣的人更要試著將上坡跑加入平常的練習中。我認為那將成為一名跑者成長蛻變的契機。

足球選手木田圭佑曾說過「抱有課題，代表還有進步的空間」。如果還沒學會「腹部跑法」，那就是身為跑者的「進步空間」，也表示刷新自己最佳記錄的「可能性」提高。

Column 1

藉由「山坡跑」加入一軍

我年幼時體弱多病。父母親要我「學習劍道以鍛鍊體力」，所以我從幼稚園到中學都持續在學習劍道。國中一生級時加入學校的網球社，並且在國中二年級時加入田徑社，開始在劍道練習的休息時跑步。

無論是劍道還是網球，都是講求技術的運動，田徑中的長距離跑步，比起技術，更多時候需要類似「比忍耐力」的部分，這種感覺回想起來很新鮮也很有趣。

國中三年級時，我參加3000公尺的日本全國大賽預選，擠進家鄉大阪府的第五名。到最後的100公尺都是跑在團體前面，由於是個不懂衝刺技巧的外行人，所以在最後被超越成了第五名，無法出場全國大賽。

高中時因為還想繼續田徑比賽，所以進入田徑部實力相當堅強的高中。我們田徑部是社員人數約150人的大家庭，光是長跑就有40人。就像職業棒球一樣，分成一軍和二軍，加入二軍當初是沒有辦法穿上制服的。

想到光靠學校的練習無法進入一軍，於是開始在住處附近的山上進行「山坡跑」。其實我從中學時代就這麼做了，進入高中後，開始認真練跑。

練習出現成果，我在5000公尺的記錄會上跑出15分整的成績，成功地進入一軍。高中一年級時，就被選為日本高等學校綜合體育大會預選的代表。另外，在高中三年級時，以1小時5分50秒跑完半馬。這在大學組來說，也是無可挑剔的成績。

高中畢業後，進入邀請我加入的大阪瓦斯公司，繼續從事田徑競技。然後以全職的身份，開始了一邊工作一邊從事競技的生活。

第 2 章

以旋轉跑步法輕鬆進行長距離跑步

看得見腳底的跑法

對「腹部跑法」有一些基本認識後，我想要更具體地介紹該如何跑步。

從結論說起，**概念就像用腿部畫大圓，在著地的瞬間，僅有一點與地面接觸。從運動的軌跡取名為「旋轉跑步法」**。

一邊將膝蓋往前推，一邊正確地將大腿往上抬起跑步。腳尖像鐘擺一樣向前大幅度地擺動，接著在身體的正下方著地。藉由這樣，學會充分運用全身的有力跑步法。

提到姿勢時，雖然有「Stride跑法（高步幅）」和「Pitch跑法（高步頻）」的正統分法，不過我覺得可以不用二選一。

選擇配合自己的骨骼，能夠強而有力地運動的高步幅和高步頻為最佳。請單

純地這樣思考。

是否練就充分運用全身的有力跑法，可從以下兩點做確認。

第一點，就是當你強而有力地跑步時，腳尖是否進入視野。在這種情況下，請留意別讓膝蓋以內八的感覺過度內靠，也別讓膝蓋以外八的感覺靠向外側，這都是相當重要的。

膝蓋過度向內靠，會提高發生跑步障礙的風險，腳掌呈外八字跑

腳尖是否進入視野？是否看得見腳底？

步則容易踩煞車。

第二點是，跑步時從後方看來，能看見踢出去的腳之腳底。這也是有力地跑步的證據。

由於這點自己無法確認，可以請跑步的同伴幫忙做確認。平時習慣獨自練習的人，可以善用智慧型手機的錄影功能來做確認。

看不見踢出腳之腳底的人，著地時來自地面的反作用力會往上傳遞，光是這樣就可能喪失往前的推進力。

以腳跟著地讓體重承載於拇趾球上

腳底接觸地面的是「拇趾球」「小趾球」「腳跟」這三點。著地最重要的是，將體重承載於腳底大拇趾根處的拇趾球上。

著地動作的過程，可以想成從略偏腳跟外側的地方著地，將體重承載於拇趾球後，從小趾根處的小趾球離地。

要藉由「腹部跑法」的前傾姿勢發揮推進力，在身體構造上的腳底三點之中，將體重乘載於拇趾球上會是最為合適的。

從腳跟外側著地的理由，也是因為那樣比較容易將體重承載於拇趾球上。從身體的構造來看，也是從腳跟外側著地較為自然。

位在大腿根處的髖關節，位於身體外側。所謂髖關節，是由大腿骨（股骨）的球體頂端，嵌進骨盆的兩側有如套筒般的深窩所組成。

髖關節的構造上縱使想筆直地運動，在將腳部向前擺並著地時，會使大腿骨由外側向內側旋轉。這個姿勢稱為「旋前（Pronation）」。

髖關節產生旋前，自然容易從腳跟的外側著地。為此，各大體育用品廠商的跑鞋，在腳跟外側加入墊片材料加以補強的樣本也變多了。

前面說明「從略偏腳跟外側著地，將體重承載於拇趾球後，從小趾球離地」，一邊跑一邊意識這點，到了最後，會演變成腳部筆直進入、筆直離地，有效率地著地。

這就是能量損失少，也不容易引起障礙的著地法。

用前腳掌或腳掌著地比較好？

曾經腳跟著地是常識，沒有人對此抱有疑問，近來卻陸陸續續出現不同的論點。

有不可以用腳跟著地或是用前足部著地才跑得快的說法，另外也有最好用整個腳底板的腳掌著地比較好的說法。

著地爭論發端於席捲馬拉松界的非洲跑者，其跑法被媒體等拿來大肆炒作。非洲跑者大多是用前足部著地，腳跟只是稍微跟地面接觸。由於那些非洲跑者壓倒性的速度令人印象深刻，紛紛出現大批想要模仿的市民跑者。

但是，採用前腳掌著地的非洲跑者，大多數人從小就過著打赤腳的生活，活力十足地在不平整的地面上到處跑。

在那樣的路面用腳跟著地會很痛，所以他們很自然地學會前足部著地。

從小穿著鞋子生活的絕大多數日本人，從小學習走路時是用腳跟著地，所以就算長大臨陣磨槍地模仿前腳掌著地，學不會的例子比比皆是。

由於前足部著地對阿基里斯腱及小腿肚的負擔大，所以導致該部位發生障礙的例子也層出不窮。

如同前面所提到的，前腳掌著地的非洲跑者，阿基里斯腱生長得強韌又粗壯，所以沒問題。

每位跑者各具獨特個性及風格，全國當中雖也有適合前腳掌著地或腳掌著地的跑者，但最好還是不要為了「流行趨勢」的理由半途勉強嘗試，比較不會出問題。

如果是跑步時自然用腳跟著地的人，我認為發展成前面說明的著地法，較可提升成績。

著地時將意識集中在「能量儲備」上

學會基本的姿勢後，接下來請將意識集中在「儲備」上。這裡說的「儲備」，是指「能量儲備」。

在慢跑的配速上，即使不留意「能量儲備」也持續地能跑下去，但若要提升更快的速度，不做「能量儲備」就會碰壁。

棒球運動中的投球及打擊、高爾夫球或網球運動中的揮桿與揮拍，都有向後拉擺（Take back）的動作，然後一口氣將「能量儲備」的動能釋放，就能獲得驚人的運動表現。在跑步也是相同的。

跑步動作中「能量儲備」的時間極短，從著地到將體重承載於拇趾球的短時間內就達到巔峰。

接下來一邊釋放「儲備」的能量，一邊有效率地將著地的反作用力，轉換成向前的推進力，為其動作原理。

透過電視轉播等看到頂尖跑者跑步的模樣，實際上明明很努力地跑得很快，畫面上卻給人勝任愉快、輕鬆跑的感覺。那是因為每一步都在進行「儲備」的動作，所以才顯得遊刃有餘。

著地時的「能量儲備」可以改變跑步方式

容我再次重申，雖然說感覺跑得很輕鬆，實際上的動作並不慢。因為跑步這項運動會在動作著地時「儲備」，由於給人留下的印象強烈，所以才給人跑得悠然自得的感覺。

手臂的擺動有助於腿部動作

能夠帶領腿部做出大動作的是手臂的擺動。**不光是擺動手臂，還要保持手肘往後拉的感覺才正確**。

跑步中也有所謂「揮動手臂」的指導，分成在前面揮，或是向旁邊打開揮動的情形。

在前面揮，或是在旁邊揮，跟腳的動作就會變得不協調。因此，不光是揮動手臂，還要牽動手肘。

不要把手握緊輕輕打開，掌心朝上，左右兩邊的肩胛骨就容易向中間靠攏，自然地將手肘往後拉。

一旦牽動手肘，體幹就會跟著扭轉，相反側的腳容易因反作用力向前跨出。手臂和腳維持住節拍器式的擺盪，交互向前擺動的感覺。

就像一旦開始擺動的節拍器不會停下來一樣，只要讓手臂和腳的動作同步，就能輕鬆跑步。

配合牽動手肘的時機呼吸。

學校體育課會教導學生用「吸、吸、呼、呼」的節奏，從鼻子吸氣，再從嘴巴吐氣。靜態活動時，透過像一個天然過濾器般的加濕器鼻子，把空氣吸進體內是正確的，但是在從事像跑步這樣需要大量氧氣的狀況下，從鼻子是無法吸取大量的空氣，所以我會從嘴巴吸氣從嘴巴吐氣。

再則，不符合「吸、吸、呼、呼」時機的人，用「吸、呼、吸、呼」來呼吸也OK。不要什麼事都照教科書上所教的去做，像游泳的換氣一樣，請配合自己的時機點換氣。

手臂放低並保持放鬆

接下來是肩膀放鬆不用力，手臂盡可能地放低。

雖然自己不容易意識到這點，但是在進行像配速跑或間歇跑這樣的高強度重點（強化）練習時，肩膀容易用力往上抬，在高點位置擺動手臂的人很多。或許是因為情緒較激昂，所以正式比賽時，這樣的傾向也比較強烈。

肩膀上抬，在高點位置牽動手肘，可動區域會變小。由於將手肘後拉的反作用力受到抑制，甚至連腳的動作都可能因此變小。

為了避免陷入這樣的惡性循環，我希望能保持肩膀放鬆，讓手臂在低點位置大幅擺動。

只要保持放鬆，在低點位置牽動手肘，即使在正式比賽面臨腳力不足等最糟糕的場面，還是能夠藉由手臂不停往前帶動，成為移動身體的原動力。

在比賽前或開始重點練習前，為了展現氣勢會先用力地聳起肩膀，然後放鬆力氣讓肩膀落下保持輕鬆。這個稱為「肌肉鬆弛法」。先繃緊肌肉再放鬆力量，可以獲得深層的舒展。

用力過頭反而會使肌肉的緊張度增加，所以訣竅在於用力時維持在全力的70～80％。用力時間大約維持5秒，然後放鬆約10秒並且深呼吸。

為了消除背部的緊繃，可將雙臂高舉至頭上，兩手交疊，用力向上伸展，或是手肘彎曲向後拉，使左右肩胛骨往中間靠攏進行伸展。

雙肩落下放鬆背部的動作，不只訓練時，從平常就做會更有效果。由於每個動作都可以站著輕鬆操作，所以請在通勤電車上站著時、在斑馬線等紅綠燈轉成綠燈時等，利用空檔時間讓肩膀落下，消除背部的緊繃。

一邊跑步一邊感覺「是不是變得有點僵硬」「呼吸變得痛苦」時，試著讓雙手在背後互扣跑看看，可以讓肩膀往下壓，並且讓肩胛骨向中間靠攏，紓解緊張之後就能讓身體變輕鬆。請務必試試看。

寬鬆一點的鞋子比較好

挑選跑鞋時，考慮的重點就是選擇寬鬆一點的尺寸。這對於走路鞋或是跑鞋都一樣。

雖然說要選寬鬆一點的鞋子，但是尺寸太大也會沒辦法跑，所以當腳套進鞋子裡時，以後腳跟和腳尖都有點空隙為基準就可以。

鞋子會因製造廠商或版型而有所不同，從合腳的尺寸多增加約0.5公分的大小為基準。如果是能夠挑選足圍的版型，我認為也可以挑足圍大一點的鞋子。

跟大家說明一下為什麼推薦買大一點鞋子的理由。

在有力地使用全身的「腹部跑法」中，用腳趾確實抓住地面也是重要的重點。

越會用腳趾抓住地面，襪子就越容易破損。穿上合腳或較小的鞋子，被擠到狹小空間的腳趾，經常會輕微的彎曲，因此很難將腳趾打開抓住地面。

請赤腳確認一下自己的腳趾頭。你的腳趾是否呈彎曲狀？平時總是穿著過緊的鞋子，有時會使腳趾頭彎曲變形而形成「鎚狀趾（Hammer Toe）」，或是腳尖頂住鞋頭，造成擠壓的部分內出血。

腳趾不容易打開的人，可以試著在泡澡時，將手指頭放進腳趾間幫助腳趾頭打開，或是在就寢時利用矯正工具讓腳趾頭容易張開。不過，請把這些方法視為只是輔助性質的。

泡澡或就寢時，由於減輕了體重的負荷，所以在那種狀態下就算把腳趾頭打開也不構成實務訓練。最重要的還是要養成在走路或跑步時，讓腳趾在每一步都抓住地面的習慣。

Column 2

山坡跑效果立即見效

隸屬於大阪瓦斯公司時，我會下午五點半結束工作後先回家，再從晚上七點開始練習。一年進行兩次左右的合宿訓練。為了用有限的時間增強實力，我決定繼續練習從中學時代就開始的「山坡跑」。

然後在成為社會人的第二年，1992年的19歲時，我在「防府讀賣馬拉松」以2小時15分30秒的成績跑進青年組第三名。

在那之後，我辭去大阪瓦斯公司，進入位在兵庫縣姬路市，員工數約4名的小規模建設公司。該公司的社長是位理解馬拉松運動的人，他告訴我「工作時間可以到下午2點」，所以練習時間增加了。

我搬到姬路山附近，這次用自己的方式，將全長約30公里的山坡跑路線做好設定，然後展開訓練。練習量增加後，因為害怕患有跑步障礙，就去上健身房、在泳池裡走路，致力於足腰的照護。

接著我在1994年的東京城市半程馬拉松，跑出1小時1分23秒的成績。注意到我的活躍表現的積水化學工業田徑部，開口邀請「要不要加入我們？」，於是便在1995年換工作單位。同一年我參加在希臘首都雅典舉行的世界盃馬拉松比賽，以2小時13分16秒跑進第二名。

兩年後，我動了宿疾的足底筋膜炎手術，在以復健為目的而出賽的佐呂間湖（SAROMA）100公里超級馬拉松，居然締造了世界記錄。

我沒有貼身教練的身邊指導，一直以來都是自己練習。因此，我很能理解市民跑者的心情。加入環境完善的企業集團後，跑步能力反而沒有提升，到頭來還是以獨自練習為主，並在2000年柏林馬拉松跑出2小時10分8秒，創下個人的最佳成績。

第 3 章

一定能夠達成自己的最佳記錄！砂田式訓練

馬拉松的訓練，我重視的是①漸進加速跑、②配速跑、③LSD、④間歇跑、⑤山坡跑——的組合。

在提升跑力的重點練習上，如何組合這些練習方法才是關鍵，跑了幾公里不過是練習的結果。

首先，讓我依序為大家說明這些訓練方法。

透過漸進加速跑進行後段加速的練習

漸進加速跑是我最重視的訓練。

從稍慢於比賽配速（破4為平均速度5分40秒／公里、破3.5為平均速度4分55秒／公里、破3為平均速度4分15秒／公里）的速度進入狀態，階段性地提升速度到快於比賽配速的速度（破4為平均速度5分10秒／公里、破3.5為平均速度

4分30秒／公里、破3為平均速度4分／公里）。以15公里作為基本的訓練距離。

全場以完全均速來跑，這是理想的全程馬拉松的跑法，但要像機械一樣刻劃出相同的速度，就連頂尖跑者也很難做得到。

我理想中的比賽進展是，一開始起跑先保留實力，中場過後慢慢提升速度。我自己在現役時代就是這麼做的。

大多數的市民跑者預測自己到了比賽後半，尤其是30公里後會體力耗盡，雙腳無法按照所想的移動，絕大數會在比賽前半段「預存時間」。

但是實際上，要發揮自己百分之一百二十的潛在能力，前半段要保守節制速度，進行有助於在後半段提升速度的訓練，當面臨正式比賽時，較能期待好的成績。

漸進加速跑的目的是要讓身體記得在比賽後半段提升速度的「認知建立」。

由於一開始是保守地進入跑步狀態，所以不需要太細節的暖身操。可以說是非常適合想盡可能縮短練習時間的忙碌上班族。

以下已經將全程馬拉松目標完賽時間整理成一覽表，可供大家作為比賽配速的參考。

目標完賽時間和比賽配速

目標完賽時間	配速（／km）
2小時38分14秒	3分45秒
2小時45分16秒	3分55秒
2小時52分18秒	4分05秒
2小時59分20秒	4分15秒
3小時06分22秒	4分25秒
3小時13分24秒	4分35秒
3小時20分26秒	4分45秒
3小時27分28秒	4分55秒
3小時34分29秒	5分05秒
3小時41分31秒	5分15秒
3小時48分33秒	5分25秒
3小時55分35秒	5分35秒
3小時59分06秒	5分40秒
4小時13分10秒	6分00秒

藉由配速跑培養「穩定」的配速感

接下來介紹的是配速跑。配速跑基本上要用比賽配速跑20～30公里。

比賽的進展基本是漸進加速跑。維持穩定的目標配速，培養長距離跑步的感覺，則是配速跑的目的。

有關於具體計劃方面之後會再做描述，通常比賽前一個月要進行30公里的配速跑。頂尖跑者會做40公里的配速跑，由於有發生跑步障礙的風險，所以市民跑者做30公里跑就很足夠了。若是具備一定體力的老手跑者，則可嘗試40公里的配速跑。

全程馬拉松全長42．195公里，30公里大約是70％全馬的距離。正式比賽時，腎上腺素因心情亢奮而分泌增加，沿路還有大量為選手加油的民眾，補給站也準備了運動飲料及食物。跑者的舞台已經準備妥當，只要先跑完30公里，剩下的30％的距離，應該可以努力看看。

獨自進行30公里的配速跑，不僅可以鍛鍊心智，還可以根據身體狀況及環境的變化，培養臨機應變的能力。在本章後半，我想就這一點再做些說明。

透過LSD讓身體習慣目標跑步時間的持久性運動

接著下來是LSD。LSD是「Long Slow Distance（長距離慢跑）」的縮寫，也就是「長時間」「緩慢地」「長距離」的跑步訓練。

LSD的定義雖然因人而異，**就我個人而言，LSD的重點在於用平均速度6～7分／公里的緩慢速度跑上2～4小時，持續長時間的運動，讓身體習慣於與正式比賽等長的時間。**

用緩慢速度長時間跑步，反而會擴大全身的毛細血管面積，有效地將氧氣帶到肌肉各部位。最後由於血液循環變好，能有效排除因漸進加速跑或配速跑所累積的疲勞。

血液運輸的氧氣及營養素是恢復疲勞不可或缺的氧分，但是進行吃重的練習，會使肌肉變得緊繃，壓迫血管，造成血流不通。

照這樣下去的話，疲勞會繼續累積，但是進行ＬＳＤ能緩和肌肉的緊張，改善血液循環，所以對疲勞的恢復也有效果。

再加上速度緩慢，還具有容易將意識集中在姿勢上的優點。以漸進加速跑或配速跑自我鞭策地一路跑來，在疲勞逐漸累積的後半段，姿勢容易崩壞。

因此，在做完漸進加速跑或配速跑的隔天進行ＬＳＤ，既能促進消除疲勞，又能達到矯正姿勢的效果。

不過以ＬＳＤ進行長時間跑步，有時會背部僵硬，腳步變得又硬又小。碰到這種情形，可以試著一邊跳躍一邊用力將雙臂前後舉起。大約五步就好。這是具有立即使動作恢復活力的小技巧。

間歇跑的訓練重點在於休息時間的調配

間歇跑一般是用比比賽配速更快的速度，快跑幾百公尺到１公里、２公里等較短的距離，中間穿插休息，兩者互相交替反覆實施的訓練。

基本上完成一組練習後，並非採取完全休息方式，而是以２００公尺進行慢跑，藉以恢復疲勞。

間歇跑因傳奇的長跑好手，捷克的柴圖貝克（wmil Zatopek）採用此種練習方法而聞名。

柴圖貝克選手在1952年的赫爾辛基奧林匹克運動會上，展現輕鬆拿下5000公尺、10000公尺以及馬拉松三項金牌的驚人絕技，因驚人的耐力而有「人類火車頭」之稱。

間歇跑訓練的組合方式有相當多樣化。

有以200公尺或400公尺的短程距離，反覆進行15～20趟的模式，也有以1公里反覆跑5～10趟的模式。另外有將距離分成3公里↓2公里↓1公里的模式，也有加入2公里↓1公里↓3公里變化的模式。

不能斷言哪一種模式是最好的，所以可以加入其他訓練做組合，嘗試各種其他的模式。

間歇跑是以提高「最大攝氧量（VO^{2} max）」為目的的訓練。所謂的最大攝氧量是指，運動過程中肌肉所吸收到的最高氧氣量數值，單位大多以每分鐘每公斤體重消耗幾毫升氧氣來表示。

像馬拉松這種長時間進行的耐力運動，需要氧氣參與脂肪的代謝。因此，最大攝氧量高持久力就會增加，奠定即使在比賽後半段也不會筋疲力盡的體力。

間歇跑的訓練法有各式各樣的組合方式，我想提出的是不會把自己逼得太緊，以輕鬆的速度快跑，但是要縮短休息的方法。

目標要破4就以平均速度5分10秒／公里、目標破3.5以平均速度4分30秒／公里、目標破3則以平均速度4分／公里這種不勉強的速度快跑，也因為這樣，慢跑休息可以控制在1分鐘以內。

有人為了達成破3的目標，會以3分20秒或3分30秒的高速用力跑完1公里。但是，由於那般莽撞衝刺，搞得氣喘吁吁，組間的休息必須花上1分半～3分鐘的時間，才能再以相同的速度快跑。

想要有效提升最大攝氧量，如何休息便成為重點。在喘的狀態下，藉著反覆快跑的刺激，逐漸提升跑力。

「將休息時間縮短在1分鐘內，達成練習趟數」，只要遵守這個基本原則，間歇跑會是有效的訓練方式。

試著挑戰「山坡跑」！

最後是「山坡跑」。這是我從中學時代開始，在現役時代發揮成果的訓練方法。

平時練習能利用山路的人，並不是那麼多。所以不妨趁著休假，和跑友一同到矮山或自然公園，試著挑戰一下「山坡跑」。

近來流行的訓練跑，是在未鋪設的登山道等不平整的地面從事路跑，至於「山坡跑」則是在鋪設過的柏油路上跑步。全程馬拉松的比賽不是在不平整的道路而是在柏油路舉辦，所以是更具實踐性的訓練。

我會在中學時代開始「山坡跑」，是因為覺得跟其他選手進行相同的練習無法讓自己變得更強。所以除了社團活動的練習，私下加入住處附近的山坡跑來「偷偷練習」。

高中畢業後，我加入企業集團大阪瓦斯的路跑隊。身為公司員工，必須工作到傍晚，所以平日練習時間有限。因此，為了進行短時間且又有效率的練習，再次開始了「山坡跑」。

作為訓練的山，是自家附近的「甲山」（標高309公尺）。

首先，邊跑邊當作暖身地從自家門口，慢跑到甲山的登山口，路途約為3公里路程的平坦道路。從山腳開始是超過4公里的上坡路。一旦上坡速度就會下降，所以我會提前做漸進加速跑，一邊加速一邊舒服地進入上坡路段。

在上坡路段保持前傾姿勢，一邊將手肘往後拉一邊跑動，實踐「腹部跑法」的姿勢。即使是上坡路，也不讓速度下降，藉由這樣，能有效率地鍛鍊腿部肌力和有氧能力。

到了上坡路的後半段，速度雖然開始下滑，這時要想辦法忍耐，一邊確實用前傾姿勢往上跑。

對上坡路段的後半段堅持，能夠鍛鍊足夠的身心能量，在比賽後半段疲勞時，面對漸進加速的攻勢。

跑上坡路段時，步幅會變小，為了恢復原先的狀態，下坡路段要一邊增加步幅，一邊以跑動的姿勢快跑下山。

在尚未習慣下坡路段的跑步方式時，速度過快容易心生害怕而踩煞車，不過習慣之後就不會踩煞車了，並能保持雙腿旋轉的感覺，順利地加快速度跑下山。這時著地時的腳步聲會變大，卻可藉由著地時的衝擊，有效鍛鍊大腿前側的肌肉（股四頭肌）。我的大腿也很發達，大部分是在下山坡路時鍛鍊出來的。

到了平地後，維持一貫的衝勁，朝距離住處約3公里的平坦道路邁進。藉由想像從前方被管子拉著胸部的感覺快跑，熟悉在平地的強力跑法。

這條全長約15公里的「山坡跑」，讓身為跑者的我成長了很多。希望各位也務必嘗試挑戰看看。

重點練習後的身體養護

該如何組合這些練習，我將在第5章的練習計劃中具體地介紹。在這之前，先來介紹重點（強化）練習後的身體養護。

具有促進自體疲勞恢復效果的LSD可以暫且放在一旁，但在進行負荷高的漸進加速跑、配速跑、間歇跑時，就不能怠忽練習後的身體照護。

首先在重點練習後，以較緩和的慢跑進行緩和運動。

若是狀況允許，慢跑之後，請脫下鞋子，光著腳試著在公園、堤防的草地或砂地上走看看。

由於跑步過程中，與地面做接觸的只有腳，無論用多理想的姿勢跑步，都會造成腳底壓力累積。因此，在柔軟且有適當的高低起伏的草地或砂地走路，可以舒緩僵硬的腳底和腳趾。

跑步過後，疲勞累積、發熱的部位，要藉由洗冷水澡、放入碎冰塊的冰敷袋或是冷凍過的保冷劑等進行冰敷。

尤其是在發生障礙時對患部施以冰敷，能夠暫時麻痺傳達痛覺的感覺神經，以緩和疼痛感。還可以使局部的血管收縮，達到消炎的效果。

冰敷在急性運動傷害之基本處理方式「ＲＩＣＥ」中擔任重要的一環。所謂的ＲＩＣＥ，是由以下四種處理法的英文單字的第一個字母組合起來的口訣。

●運動傷害的基本處置法ＲＩＣＥ

Rest（休息）　不要隨意移動患部，保持安靜

Icing（冰敷）　在發炎或有灼熱感的部位進行冰敷

Compression（壓迫）　對疼痛等部位輕輕施以壓迫

Elevation（抬高）　將患部抬到比心臟的高度還高

即使對局部施以冰敷等急救措施，靜態活動時還是感覺到疼痛或是有發炎反應，休養過後症狀變嚴重時，請立刻中止訓練，請專業醫師診察。嚴禁外行人自作判斷。

越野跑與越野賽跑的注意重點

有越來越多的跑者，把在登山道等不平整的路面上奔跑的越野跑（Trail running），或是在崎嶇地勢上跑動的越野賽跑（Cross country running）加入練習中。以馬拉松的訓練為前提，越野跑和越野賽跑有優點也有缺點。

以優點來說，由於上坡時呈前傾姿勢，所以容易實踐按下腹部的按鍵，將手肘往後拉的「腹部跑法」。上坡時只要努力不讓速度慢下來，就能有效提升肌肉與心肺功能，還能增加耐力。就這點來說，跟我實踐的「山坡跑」有同樣的效果。

有這些優點，相反地也有缺點。

由於進行越野跑的山路崎嶇不平，必須一邊注意腳步，一邊用小步幅跑步的情形也會變多。因為有時在有陡坡或是障礙物的地方會不得不改用走的，所以作為馬拉松的練習，容易卡在不上不下的狀態。下坡雖然容易跑出速度，卻也容易因為路面不平，使得步伐變小。

越野賽跑雖然路面沒有越野跑那麼糟糕，高低起伏也沒有那麼劇烈，但馬拉松比賽本身並非在不平整的路面舉行，也沒有像山路那般起伏劇烈的地形等待選手挑戰。

如果想鍛鍊馬拉松的實際跑力，希望大家不要想得太複雜，只需在接近比賽的環境下進行訓練就好。

偶爾轉換心情，到山上享受越野跑或越野賽跑本身當然是一件好事。在不平整的路面，必須邊跑步邊保持平衡，所以具有鍛鍊到腹部深層，體幹裡的深層肌肉的效果。

不過，**如果要進行越野跑或越野賽跑，結束後最好在一般道路至少跑2～3公里，恢復原來的姿勢。**

跑步機運動的注意重點

似乎有很多跑者，會到工作場所或是自家附近的健身房，利用跑步機進行馬拉松訓練。

如果是為了健康而利用跑步機運動，並沒有問題。但如果是身為馬拉松跑者為了「變強」、以刷新個人最佳成績為目標的話，只有使用跑步機做訓練，要達成目標會是一件困難的事。

在室內跑步機上跑步跟在戶外跑步，是截然不同的兩件事。

跑步機是在轉動的帶子上跑動，所以會使用到小腿肚的肌肉，不自覺地學會跳躍式的跑步方式。以那樣的感覺進行路跑，只靠上下跳動，有時無法獲得百分之一百二十的推進力。

基本上「腹部跑法」，不是使用小腿肚上的小肌肉，而是利用臀大肌以及大腿內側名為膕繩肌的大肌肉來進行有力的跑動。

另外，在柔軟的跑帶上跑步，跟在鋪著柏油路的硬質路面上跑步，著地時受到來自地面的衝擊力完全不一樣。光是只有在跑步機上跑步，可能會無法承受來自42．195公里柏油路的著地衝擊力。

不僅如此，在戶外跑步，會自然而然地習慣逆風、順風以及跑步本身產生的空氣阻力等環境變化。在這點上，不管跑步機設定多快的速度，空氣阻力都是零。在室內稍微動一動就會滿身大汗，會讓人產生繼續往前跑的動力，但是跟實戰訓練則相差甚遠。

自行車競技中，有時會讓選手在室內的車台上騎自行車做練習，但「只有車台練習是無法變強的」，則是騎士之間的常識。

我當然不是全盤否認利用跑步機進行的訓練。而是如果想在馬拉松比賽中變快，實地練習是必要而不可或缺的。

Column 3

達成破3不可欠缺的事①

破3，說是市民跑者的夢想也不為過。要達成這個目標，必須事前以平均每公里4分15秒的比賽配速跑完30公里為前提。

大多數的市民跑者，對於目標的比賽速度有點實力不足，所以容易用快於比賽配速的速度，一開跑就自不量力地往前衝。這樣一來，勢必從30公里，快一點從25公里以後，雙腿越來越沉重，筋疲力盡，速度慢下來。

會變成這樣，基本上是因為練習時，以比賽配速做長距離跑步的經驗不足。如果是半程馬拉松為止的距離，可以用比賽配速或之上的高配速堅持到底。

但是，接下來的距離，尤其是能否以比賽配速或之上的高配速跑完30公里，完全是另外一回事。那既是馬拉松的樂趣，也是馬拉松的困難之處。不過，如果是破3的程度，藉由有效且確實的練習，也能夠用漸進加速跑跑完比賽後半段。

就算是以高於比賽配速的速度進行1公里×8趟的間歇訓練跑也能達成，不是埋頭拚命跑就好。就像從68頁開始介紹的，透過適當的配速和適當的休息，可有效率地提升跑步能力。不僅如此，還需要將連接正式比賽，以比賽配速進行的長距離跑加入練習中。

當然，突然用比賽配速進行30公里跑不僅身體吃不消，一開始也做不到。還有可能是造成跑步障礙的原因。那應該怎麼做呢？因為存在許多訣竅，所以將在下一篇的Column做具體介紹。

第 4 章

馬拉松有七成
是以心理素質
來決定勝負

耐力型的選手心理層面都很強

無論是哪一種運動，「心」「技」「體」都被視為是最重要的。本書雖然針對姿勢及練習方法做出詳細的說明，不過在馬拉松這項運動的運動表現上，心理層面也佔了很重要的地位。

我認為心理和生理因素，在馬拉松的運動表現中佔的比例為「7比3」。也就是說，**馬拉松有七成是以心理素質來決定勝負**。

正因為馬拉松是一項長時間進行的競技運動，無論生理上多麼強韌，一旦中途遇挫，那就結束了。

傳達動作的命令給肌肉的是「大腦」。根據《新約聖經》，耶穌在荒野連續四十天受到魔鬼的引誘，最後成功戰勝了誘惑。

馬拉松跑者在跑步過程中，也會受到來自大腦的魔鬼的呢喃誘惑。「現在放棄就解脫了」「覺得吃力就放慢速度」——要揮開這樣的誘惑，需要堅韌的心智。

過著長期競技生活的馬拉松跑者，都是內心堅韌的類型。

擁有才能，從小長距離跑就跑得很快的天才型跑者，早早就從現役退下的例子不在少數。其中大多數與其說是到達體力的極限，不如說是到達精神的極限，而成為引退的契機。

比起其他選手，擁有天賦與才能的跑者，藉由練習鍛鍊心智的機會應該非常有限。

反而是不具備才能的跑者，藉由在超越跑得比自己快的人的練習過程中，必然能鍛鍊出堅強的心智，過著長遠的競技生活。川內優輝選手正是不折不扣這種類型的人。

我本身也不是天賦異稟的人，因為本著想變快的想法，不斷地嘗試摸索，持續地在練習方法上下功夫，所以心智上的磨練已有一定的程度。

那麼，要怎麼做才能磨練心智呢？接下來我將介紹強化心理的方法。

心理強化術①——不要過度仰賴跑步俱樂部安排的嚴苛練習

在日本也有越來越多的市民跑者，參加以都市為主的「跑步俱樂部」的練習會，藉此進行訓練。

加入跑步俱樂部有許多的好處。可以跟和自己跑步能力相當的跑者競爭，讓跑得比自己快的跑者帶頭練習。不僅如此，還可以觀察其他跑者吸收好的一面，交流比賽、練習方法或是跑鞋配備等相關訊息。

更重要的是，有時比起獨自練習，更容易維持練習動機。

另一方面，我認為不過度仰賴跑者俱樂部的練習會，也是一個重要的觀點。因為馬拉松基本上是獨自跑步的運動。

一旦加入跑步俱樂部，間歇跑或是漸進加速跑等重點（強化）練習，在跑步俱樂部的練習會進行的情況就會變多。

當中似乎有遊走於幾家跑步俱樂部之間的強者，卻在不知不覺間養成沒有跑步的同好就提不起勁的習慣，無法提升實戰跑步能力的例子。

透過跑步俱樂部的鍛鍊，刷新個人最佳成績的跑者不在少數。但是，那樣的跑者不會對跑步俱樂部產生依賴，不靠仰賴別人來達成成就，而是在個人練習和跑步俱樂部的練習會中各取其優點，達到跑步能力的提升。

獨自進行練習，一定會有「今天要做間歇跑練習，真不想做呀……」的時候。就算有人每次練習都會有這種想法也不奇怪。

如果不想練習的原因，是身體出現明顯的不適，最好還是好好休息，不過多半是因為心理方面虛弱。證據在於，突然試跑看看，結果速度意外地獲得提升。

就算不想練習時，既然決定了，那就先練習看看。為了練習而練習，雖然成效不彰，形成本末倒置，但從反面來說，確實做到事前決定的練習，心理強化的效果是無法估量的。

馬拉松是心理素質占了七成的運動——為了不要事後後悔，就算提不起勁，也請想著「先換衣服，試著站在練習的起跑線上看看」。

心理強化術②——藉由一個人練習磨練比賽後半段的頑強意志

以「公務員跑者」創下日本頂尖實戰記錄的川內優輝選手，實力堅強的秘密之一，我認為是以個人練習（一人練習）為主。

我不只一次透過電視轉播，看到比賽中途脫離領先集團並往後拉開距離的川內選手，即使比賽進入尾聲，臉上露出痛苦的表情，仍反敗為勝獲得好成績的畫面。其強韌的心智，我能想像那是從日常生活的一人練習所鍛鍊出來的毅力。

面對川內選手的韌性，無從招架並逐漸被拉開距離的企業團體跑者們，或許是因為太習慣於團體練習，心理層面沒有川內選手那般強韌。

市民跑者為了磨練心智，應該像30公里的配速跑一樣，在想像著比賽時的進行訓練上，要刻意安排一個人練習的機會。

獨自跑步，對於疲勞或身體狀況變化會變得敏感。一邊與自己的身體對話，一邊養成根據狀況，靈活地調整比賽節奏的能力。

透過團體練習借助同伴的力量跑步，就算提升了跑步基礎能力，卻容易失去與身體對話的機會。使得速度的調配或比賽的安排等應用能力不容易提升。

「練習時狀況都很不錯，但是比賽表現卻總不如預期」的類型，一定是在心理層面出了問題。如果稍微有這樣的自覺，應該增加一人練習的機會，重新檢視面對一人練習的心態。

心理強化術③——把決定要做的練習做完

想要磨練出強韌的心智，還是只能靠平時不斷地練習。在雅典奧運的女子馬拉松奪下金牌的野口水木選手，曾說出「跑過的距離，是不會背叛的」，雖然這句話被誤解成「長距離跑步跑得越多，正式比賽就能變快」的距離迷思的表現，不過我覺得裡頭強烈包含著「藉由練習磨練出來的心智，能在比賽中生存下來」的意思。

在被稱為「30公里的高牆」的比賽後半段逐漸失去應有的速度，這是因為儲存在體內的醣類（肝醣）開始枯竭所引起的現象。不過，我認為心理素質在這時候也佔了很大的影響因素。

一旦肝醣的儲存量逐漸減少，大腦就會把「停止這麼辛苦的活動」的命令傳達出去。

能否違抗命令，以「我還可以繼續！」的意志振奮起來，是勝敗的關鍵點。因此，內心挫敗覺得「已經不行了」的瞬間，速度就會開始減慢，讓時間大幅落後。實際上，即使是破3.5或破3的中高級跑者，後半段速度減慢不用說，在正式比賽中信心受創的跑步模樣也看得不少。

想要磨練出強韌的心智，就要將事前決定要做的練習做到底。

為了進行高品質的練習，即使有事前規劃的行程，若提不起勁，有的教練會指導跑者，有時中斷練習是必要的。的確，這是無庸置疑的。

受傷或是發生障礙時，當然嚴格禁止勉強繼續練習，不過若是因為疲勞等因素而狀況不佳時，我覺得最好就用狀況不好的方式練習到最後。因為馬拉松是心理層面佔了七成的運動。不斷累積的經驗值，能夠打造出在比賽中不屈不撓的堅強意志。

舉例來說，一旦決定要做30公里的配速跑，即使中途覺得吃力而無法遵守設定時間，也要跑到最後。或是在3小時的ＬＳＤ過程中變得吃力，在途中加入步行也沒關係，在這3小時內請持續前進。

這樣的「毅力論」容易被當成前近代的產物而被加以否定，但是從馬拉松這種在心理層面佔了七成的運動特性來看，毅力論是絕對不該被否定的論點。

心理強化術④——不要老是在穩定的環境下練習

幸福的日子過久了，飢渴精神（hungry spirit）就會逐漸消失，想要跑完全程馬拉松，我認為擁有達成目標的強烈意志以面對事物的飢渴精神是不可欠缺的。

聽起來或許只是單純的毅力論，但假如心理層面足以影響馬拉松七成的運動表現，毅力論就變得必要起來。

日常生活中不需要刻意創造嚴苛的環境，只需要在練習時，能夠忍耐就試著忍耐看看。

深受大自然眷顧，有著鮮明四季的日本，氣象條件經常發生變化。雖然不是全年都適合跑步的環境，但也用不著為了壞天候感到挫折。

就連比賽當天會碰上什麼天氣，沒有人知道。只要不是特別惡劣的狀況，通常不會因為天氣惡劣的理由而中止比賽。

無論是刮風、下雨還是冷到發抖的日子……不管天氣如何，只要想著「可以藉此模擬比賽當天強風吹拂的情形」來跑就好。

也有的跑者，擔心中暑（脫水）的問題，避開在大熱天練習。預防中暑的觀點確實很重要，但另一方面，也有比賽會是在不合季節的熱天舉行。

每年夏天（8月下旬～9月初旬）會舉辦「北海道馬拉松」。因為是夏季少見的馬拉松賽事，所以很受市民跑者的歡迎，雖說是北地舉辦的比賽，有幾年比賽中氣溫高達攝氏30度。

比賽當天，不能因為早上起來發現氣溫高就棄權，所以跑者最好準備帽子、遮陽帽及太陽眼鏡、腰包裡放入運動飲料及鹽糖等，對於預防中暑做好萬全的準備，並且從平常起就要進行不把暑熱當成一回事的跑步訓練。

心理強化術⑤——試著刻意控制水分

雖然有跑步教練會說「夏季天氣炎熱，可以以短時間就結束的間歇跑為主」，但是這樣在心態上就已經輸了一半。雖然這樣的練習也很重要，但是在炎熱夏季進行長距離跑步，秋季以後將出現差別。

另外，很多跑者為了避開夏季的暑熱，選在早上或太陽下山後進行訓練，不過有時反而要利用太陽高掛後做練習。

練跑時別忘了在預防中暑上多下點功夫，像是戴上帽子或遮陽帽，塗防曬乳，提前並頻繁地補充水分及鹽分。

高溫濕熱的夏季，頻繁地補充水分是不可欠缺的，但是冬季練跑時，試著能不喝就盡量不喝水。

有的跑者比賽中一旦無法攝取水分，就會心情沮喪導致速度下滑，使不上力氣。

但是，因為這點小事就心情低落，那就輸了。只要平時跑步最小限度的補充水分，就算補水站擠滿人而喝不到水，還是可以轉換成「總會有辦法的」的想法，繼續比賽。

Column 4

達成破3不可欠缺的事②

接續Column3的內容。

如果有過無法繼續30公里比賽配速跑的失敗體驗，請試著將距離減半，從15公里的比賽配速跑（平均速度4分15秒／公里±10秒）重新來過。

不想以失敗告終的重點在於，確實地做好事前暖身。會對比賽配速跑感到不擅長，即使很努力，途中也無法維持均速，是因為精神上輸給明明剛起跑沒多久，就感覺呼吸十分凌亂，卻還有著一大段距離的現實。

若持續在心裡想著「明明已經這麼痛苦，卻還剩25公里……」，就會因為挫折而停下腳步。

藉由起跑前的暖身將身體暖和，打造能夠使肌肉關節活動自如的環境，一旦跑起來就會感到相當輕鬆。由於容易保存體力到後半段，照理說遇到挫折的風險也會消失不見。

起跑前的暖身運動，在慢跑15分鐘以上後，以全力約七至八成的速度，加入3至5趟的50～100公尺的「短距離全速衝刺（Wind Sprint）」。接著大約休息1分鐘，補充水分後再起跑。

大多數的市民跑者，暖身運動做得並不充分。做完阿基里斯腱等的伸展動作後立刻起跑的人很多，需要注意。基本上伸展操對於暖身運動是沒有必要的。比賽配速跑，從距離比較短的10公里等開始，以每個月進行2次以上為目標。循序漸進地將距離延長到30公里。若是遇到途中失速的狀況，下次更確實地做完足夠的暖身後，用相同的距離試著再挑戰一次。

第 5 章

一定能夠達成破4／破3.5／破3！

砂田式 3個月訓練計劃

以單純方式思考馬拉松

我深深地覺得，包含馬拉松在內的陸上競技長距離跑，是項單純又簡單的運動。

跑步這個動作本身，不用別人教自己就會。本書雖然提到很多關於姿勢的內容，但就算效率下滑，並非不照那樣跑，就絕對沒辦法跑完42・195公里。

像棒球或足球的運動，想投出豪速球或者正確地踢球，需要一定的技巧。在這點上，馬拉松不需要具備很高的技巧。

像棒球或是足球這樣的團體運動，因為存在著我方及對手，就算自己表現得多好，若是無法巧妙地提攜隊友，或是對手表現得比我方好，就會輸掉比賽。

相反地，馬拉松是將自己發揮到極致的個人運動。對市民跑者來說，目標不在於爭取排名而是在於時間，自己的時間不會因為其他跑者的運動表現變快或變慢。

只要修正好屬於自己的姿勢，接下來對於跑馬拉松的必要練習，就只剩下訓練計劃。

企業集團的指導者們，針對跑步方式或比賽進度所給予的詳細建議並不重要。重要的是，規劃適當的練習菜單，調整成選手們可以確實達成訓練內容的環境。

要達成破4或破3，其實不需要特別的技巧或策略。只要確實完成從時間推算回去所規劃的適當練習菜單，就能夠達成破4或破3。這是一件簡單至極的事情。

因此，下面我將介紹為了達成破4或破3.5、破3所自行設計的練習計劃。只要完成這些訓練計劃，就會有自信地開始自己的比賽。

練習菜單以三個月為一個循環。我準備了一季兩次，能夠輕鬆挑戰全程馬拉松的兩種類型的訓練計劃。

你屬於快肌優勢型還是慢肌優勢型？

所謂兩種類型的訓練計劃，就是快肌優勢型和慢肌優勢型。

「快肌」和「慢肌」這兩個名詞，相信經驗豐富的跑者應該都聽過。

基本上，肌肉是由名為「肌纖維」的無數纖維狀細胞包圍成束所組成，肌纖維中含有「快肌纖維」和「慢肌纖維」這兩種類型。

快肌纖維由於呈白色，所以被稱為「白肌」，慢肌纖維呈紅色，所以被稱為「紅肌」。

我們的身體總計有超過600條肌肉，所有的肌肉是由快肌纖維和慢肌纖維所混合組成，而且混合的比例因人而異。

其中從腿腰到體幹的肌肉，快肌纖維在肌肉中占的比例高就是快肌優勢型，慢肌纖維在肌肉中占的比例高的則是慢肌優勢型。

快肌就像它的名稱一樣，收縮速度快、收縮力量大，卻有著耐力差的缺點。相對地，慢肌收縮速度慢、收縮力量小，卻有著耐力佳的優點。

直截了當地說，馬拉松以慢肌優勢型較為有利。

從魚類來看，作長距離迴游的鮪魚及鰹魚是紅肉魚，也就是慢肌優勢型。不做迴游的扁口魚或鰈魚等白肉魚，則是快肌優勢型。

以目標達成的基本概念來說，就是「進一步地發揮所長」。

快肌優勢型以進一步提升速度做為練習，慢肌優勢型以鍛鍊耐力的練習為主。

快肌與慢肌在肌纖細中所占的比例來自先天遺傳，據說無法藉由後天的訓練加以改變。

本身屬於何種類型，嚴格來說，需要採集大腿肌肉等的肌纖維做調查。市民跑者當然沒辦法做到那種地步，所以我介紹大家一個簡單快速的方法。

有種說法是，從小擅長短跑的人是快肌優勢型，擅長耐力跑的人是慢肌優勢型的可能性很高。

適用馬拉松的練習時，可藉由要求速度的間歇跑以及要求耐力的長跑來判斷擅長與否。要說哪一種的話，普遍認為擅長間歇跑的是快肌優勢型，擅長長跑的是慢肌優勢型。

快肌優勢型——比賽前3～2個月

砂田式練習計劃

那麼趕快從快肌優勢型的練習方法開始做介紹。從正式比賽前的3～2個月，練習菜單是每週固定的（從一個月前開始變更每週菜單）。

我通常把需要時間的練習安排在週末，有時會因為工作的關係週末無法休息，所以請按照生活型態做適當的調整。

看了訓練計劃就知道，那是對市民跑者來說「相當吃力」的菜單。但如果是分散身體負擔、能夠有效率跑步的「腹部跑法」，就算進行這樣的練習，發生跑步障礙的風險應該很低。

平日的重點（強化）練習，是星期三的間歇跑（請適當的安排練習日）。間歇跑以1公里×6趟，或是3公里↓2公里↓1公里的形式進行練習。無論哪一種，最後一趟用漸進加速跑完。進行間歇跑時，速度會略為放慢一些，因為這樣，將穿插慢跑的休息時間縮短為一分鐘是重點所在。

跑步距離總計6公里。因為距離短，暖身和緩和運動最好分別做足20分鐘。

把71頁介紹的「山坡跑」運用到訓練中，代替漸進加速跑也很有效果。

重點練習以外的休養練習是慢跑。在這個時間點加進練習菜單中會很有效果的是「速度遊戲（Fartlek）」。所謂的速度遊戲，就是一邊跑一邊在速度上加入自由變化的「變化跑」。一開始是以「野外跑步」的瑞典訓練為基礎。

跑步時一直保持相同的速度，精神上會逐漸感到厭倦，自由地變換速度，就能不無聊地持續跑下去。而且比起維持相同的速度，變換速度更容易對身體造成刺激。

速度遊戲是在稍微有一些起伏的路線上做的慢跑訓練。上坡時努力跑，下坡時步伐稍微輕盈一些也很有效果。

時間上比較充裕的週末，預計做長距離練習。星期六是20～25公里的配速跑，星期日是2～4小時的LSD。

在比賽前3～2個月的階段，透過障礙風險較少的20～25公里「鍛鍊腿力」的同時，還能培養快肌優勢型不足夠的耐力。

快肌優勢型

比賽前3～2個月練習計劃

破4　破3.5　破3

星期一　休養

星期二　60分鐘慢跑
配速　破4 7分／公里　破3.5 6分30秒／公里　破3 6分／公里

星期三　間歇跑　1公里×6趟　or　3公里→2公里→1公里
配速　破4 5分10秒／公里　破3.5 4分30秒／公里　破3 4分／公里
休息 各1分　＊暖身、緩和運動各慢跑20分鐘

星期四　60分鐘慢跑
配速　破4 7分／公里　破3.5 6分30秒／公里　破3 6分／公里

星期五　60分鐘慢跑
配速　破4 7分／公里　破3.5 6分30秒／公里　破3 6分／公里

星期六　20～25公里配速跑
配速　破4 5分40秒／公里　破3.5 4分55秒／公里　破3 4分15秒／公里

星期日　2～4小時LSD
配速　破4 7分30秒／公里　破3.5 7分／公里　破3 7分／公里

快肌優勢型——比賽前1個月 砂田式練習計劃

從比賽前1個月開始，要改變每週的練習菜單。練習量要每週遞減，逐漸消除賽前3∫2個月長時間訓練所累積的疲勞。

正式比賽時的運動表現，可以簡單地想成是「跑力」減掉「疲勞」。只要3∫2個月前確實達成訓練，即使練習量減少，也不必擔心跑步能力下降，還會藉由疲勞的消除，進一步提升運動表現。

那麼，比賽前四週的星期六，要進行30公里的比賽配速跑。

由於這練習兼具了比賽模擬，所以請配合正式比賽的起跑時間開跑。

此外，請事先確認跑前的飲食及比賽中水分和食物的補充、在幾公里的地方會出現什麼樣的損傷等等要點。

星期三的5公里跑，用超過比賽配速的速度全力奔跑，創造出比賽後半段的辛苦狀況，中間穿插1分鐘的休息，然後最後的1公里盡全力衝刺。藉由這樣，在比賽後半段來一場毅力的較量。

比賽三週前的星期六是20公里的比賽配速跑，比賽二週前是10公里的比賽配速跑。

星期三的重點練習也要逐漸縮短跑步距離，一次衝刺跑之後穿插休息，最後的1公里盡全力衝刺。

比賽二週前的間歇跑，請將休息時間延長為兩分鐘，藉以減輕負擔。

比賽一週前，基本上採用慢跑，好致力於疲勞恢復。接著在比賽前兩天的星期五加入1公里×1、2趟的練習，作為賽前最後的刺激。請注意，這時要是加快配速會讓疲勞累積在體內。

快肌優勢型

比賽前1個月練習計劃

破4　破3.5　破3

4週前

星期一	休養
星期二	**60分鐘慢跑** 配速　破4 7分／公里　破3.5 6分30秒／公里 破3 6分／公里
星期三	**5公里×1趟＋1公里** 配速　破4 5分10秒／公里　破3.5 4分30秒／公里 破3 4分／公里 休息 各1分　＊暖身、緩和運動各慢跑20分鐘
星期四	**60分鐘慢跑** 配速　破4 7分／公里　破3.5 6分30秒／公里 破3 6分／公里
星期五	**60分鐘慢跑** 配速　破4 7分／公里　破3.5 6分30秒／公里 破3 6分／公里
星期六	**30公里配速跑** 配速　破4 5分40秒／公里　破3.5 4分55秒／公里 破3 4分15秒／公里
星期日	**90分鐘慢跑** 配速　破4 7分／公里　破3.5 6分30秒／公里 破3 6分／公里

快肌優勢型

比賽前1個月練習計劃

破4　破3.5　破3

3週前

星期一	休養
星期二	**60分鐘慢跑** 配速　破4 **7分／公里**　破3.5 **6分30秒／公里** 破3 **6分／公里**
星期三	**2公里×2趟＋1公里** 配速　破4 **5分10秒／公里**　破3.5 **4分30秒／公里** 破3 **4分／公里** 休息 各1分　＊暖身、緩和運動各慢跑20分鐘
星期四	**60分鐘慢跑** 配速　破4 **7分／公里**　破3.5 **6分30秒／公里** 破3 **6分／公里**
星期五	**60分鐘慢跑** 配速　破4 **7分／公里**　破3.5 **6分30秒／公里** 破3 **6分／公里**
星期六	**20公里配速跑** 配速　破4 **5分40秒／公里**　破3.5 **4分55秒／公里** 破3 **4分15秒／公里**
星期日	**90分鐘慢跑** 配速　破4 **7分／公里**　破3.5 **6分30秒／公里** 破3 **6分／公里**

快肌優勢型

比賽前1個月練習計劃

破4　破3.5　破3

2週前

星期一	休養
星期二	**60分鐘慢跑** 配速　破4 **7分／公里**　破3.5 **6分30秒／公里** 破3 **6分／公里**
星期三	**3公里×1趟＋1公里** 配速　破4 **5分10秒／公里**　破3.5 **4分30秒／公里** 破3 **4分／公里** 休息 各2分　＊暖身、緩和運動各慢跑20分鐘
星期四	**60分鐘慢跑** 配速　破4 **7分／公里**　破3.5 **6分30秒／公里** 破3 **6分／公里**
星期五	**60分鐘慢跑** 配速　破4 **7分／公里**　破3.5 **6分30秒／公里** 破3 **6分／公里**
星期六	**10公里配速跑** 配速　破4 **5分40秒／公里**　破3.5 **4分55秒／公里** 破3 **4分15秒／公里**
星期日	**90分鐘慢跑** 配速　破4 **7分／公里**　破3.5 **6分30秒／公里** 破3 **6分／公里**

快肌優勢型

比賽前1個月練習計劃

破4　破3.5　破3

1週前

星期一	休養
星期二	60分鐘慢跑 配速　破4 7分／公里　破3.5 6分30秒／公里　破3 6分／公里
星期三	60分鐘慢跑 配速　破4 7分／公里　破3.5 6分30秒／公里　破3 6分／公里
星期四	60分鐘慢跑 配速　破4 7分／公里　破3.5 6分30秒／公里　破3 6分／公里
星期五	1公里×1、2趟 配速　破4 5分10秒／公里　破3.5 4分30秒／公里　破3 4分／公里 ＊暖身、緩和運動各慢跑20分鐘
星期六	60分鐘慢跑 配速　破4 7分／公里　破3.5 6分30秒／公里　破3 6分／公里
星期日	比賽當天

慢肌優勢型——比賽前3～2個月

砂田式練習計劃

接下來，要介紹慢肌優勢型的練習計劃。練習菜單的基本架構和快肌優勢型相同。與快肌優勢型最大的差別在於重點練習中，慢肌優勢型不做不擅長的間歇跑。要進一步發揮慢肌優勢型絕佳的耐力優勢，必須實施漸進加速跑。在練習中，可以進行一次「山坡跑」。

作為休養練習的慢跑，盡可能選擇有高低起伏的路線，藉著能夠自由變化速度的速度遊戲對身體造成刺激，效果更佳。

週末的練習計劃是星期六進行20～25公里的配速跑，星期日是2～4小時的LSD。星期一可以完全休養，不過藉由積極休養的效果進行輕鬆跑，有助於促進血液循環，更容易消除疲勞。

慢肌優勢型

比賽前3～2個月練習計劃

破4 破3.5 破3

星期一 休養

星期二 60分鐘慢跑

配速 破4 7分／公里 破3.5 6分30秒／公里
破3 6分／公里

星期三 15公里漸進加速跑

配速 破4 6分30秒／公里開始，最後5分10秒／公里
破3.5 6分／公里開始，最後4分30秒／公里
破3 5分／公里開始，最後4分／公里

星期四 60分鐘慢跑

配速 破4 7分／公里 破3.5 6分30秒／公里
破3 6分／公里

星期五 60分鐘慢跑

配速 破4 7分／公里 破3.5 6分30秒／公里
破3 6分／公里

星期六 20～25公里配速跑

配速 破4 5分40秒／公里 破3.5 4分55秒／公里
破3 4分15秒／公里

星期日 2～4小時LSD

配速 破4 7分30秒／公里 破3.5 7分／公里
破3 7分／公里

慢肌優勢型——正式比賽前1個月

砂田式練習計劃

從比賽前1個月開始，每週遞減練習量，以消除蓄積的疲勞，提升運動表現為目標。這部分也和快肌優勢型相同。

4週前的星期六，進行兼具比賽模擬的30公里配速跑。3週前的星期六做20公里、2週前做10公里的配速跑，逐漸縮短距離以減少疲勞累積。

平日的漸進加速跑的練習量在4週前為15公里，3〜2週前慢慢減為10公里。

1週前切換成以慢跑為主，致力於疲勞的恢復。然後在比賽前2天的星期五，藉由1公里×1、2趟給予身體刺激，作為比賽前的熱身。

慢肌優勢型

比賽前1個月練習計劃

破4 破3.5 破3

4週前

星期一 休養

星期二 60分鐘慢跑
配速 破4 7分／公里 破3.5 6分30秒／公里 破3 6分／公里

星期三 15公里漸進加速跑
配速
破4 6分30秒／公里開始，最後5分10秒／公里
破3.5 6分／公里開始，最後4分30秒／公里
破3 5分／公里開始，最後4分／公里

星期四 60分鐘慢跑
配速 破4 7分／公里 破3.5 6分30秒／公里 破3 6分／公里

星期五 60分鐘慢跑
配速 破4 7分／公里 破3.5 6分30秒／公里 破3 6分／公里

星期六 30公里配速跑
配速 破4 5分40秒／公里 破3.5 4分55秒／公里 破3 4分15秒／公里

星期日 90分鐘慢跑
配速 破4 7分／公里 破3.5 6分30秒／公里 破3 6分／公里

慢肌優勢型

比賽前1個月練習計劃

破4　破3.5　破3

3週前

星期一
休養

星期二
60分鐘慢跑
配速
破4 7分／公里　破3.5 6分30秒／公里
破3 6分／公里

星期三
10公里漸進加速跑
配速
破4 6分30秒／公里開始，最後5分10秒／公里
破3.5 6分／公里開始，最後4分30秒／公里
破3 5分／公里開始，最後4分／公里

星期四
60分鐘慢跑
配速
破4 7分／公里　破3.5 6分30秒／公里
破3 6分／公里

星期五
60分鐘慢跑
配速
破4 7分／公里　破3.5 6分30秒／公里
破3 6分／公里

星期六
20公里配速跑
配速
破4 5分40秒／公里　破3.5 4分55秒／公里
破3 4分15秒／公里

星期日
90分鐘慢跑
配速
破4 7分／公里　破3.5 6分30秒／公里
破3 6分／公里

慢肌優勢型

比賽前1個月練習計劃

破4 破3.5 破3

2週前

星期一
休養

星期二
60分鐘慢跑
配速
破4 7分／公里　破3.5 6分30秒／公里
破3 6分／公里

星期三
10公里漸進加速跑
配速
破4 6分30秒／公里開始，最後5分10秒／公里
破3.5 6分／公里開始，最後4分30秒／公里
破3 5分／公里開始，最後4分／公里

星期四
60分鐘慢跑
配速
破4 7分／公里　破3.5 6分30秒／公里
破3 6分／公里

星期五
60分鐘慢跑
配速
破4 7分／公里　破3.5 6分30秒／公里
破3 6分／公里

星期六
10公里配速跑
配速
破4 5分40秒／公里　破3.5 4分55秒／公里
破3 4分15秒／公里

星期日
60分鐘慢跑
配速
破4 7分／公里　破3.5 6分30秒／公里
破3 6分／公里

慢肌優勢型

比賽前1個月練習計劃

破4　破3.5　破3

1週前

星期一	休養
星期二	**60分鐘慢跑** 配速　破4 **7分／公里**　破3.5 **6分30秒／公里**　破3 **6分／公里**
星期三	**60分鐘慢跑** 配速　破4 **7分／公里**　破3.5 **6分30秒／公里**　破3 **6分／公里**
星期四	**60分鐘慢跑** 配速　破4 **7分／公里**　破3.5 **6分30秒／公里**　破3 **6分／公里**
星期五	**1公里×1、2趟** 配速　破4 **5分10秒／公里**　破3.5 **4分30秒／公里**　破3 **4分／公里** ＊暖身、緩和運動各慢跑20分鐘
星期六	**60分鐘慢跑** 配速　破4 **7分／公里**　破3.5 **6分30秒／公里**　破3 **6分／公里**
星期日	**比賽當天**

比賽成績停滯不前的跑者必須補強弱點

俗話說：「孩子要誇才會長大」，跑者也要藉由發揮長處以提升跑步能力。因此，快肌優勢型採用可以磨練天生速度的間歇跑，慢肌優勢型要運用天生的耐力，則要採用漸進加速跑。

不過，考慮到也有比賽成績停滯不前的中高級跑者進步空間變少的例子。這種情況下，變換為補強弱點的練習，也是有效的手段。

快肌優勢型加入慢肌優勢型的練習計劃，能夠補強有速度卻不具耐力的弱點。相反地，慢肌優勢型加入快肌優勢型的練習計劃，能夠補強有耐力卻不具速度的弱點。

任何一位跑者都有喜歡和討厭的練習，或者是擅長和不擅長的練習。快肌優勢型容易逃避20公里或30公里的距離跑，慢肌優勢型則容易逃避講求速度的間歇跑。但是，遇到比賽成績停滯不前時，試著不要避開，正面的面對挑戰，將會產生良性刺激。

盡可能多準備一些練習路線

就像這回準備的練習計劃一樣，將訓練過程模式化，才能有計劃地提升跑步能力。不過，訓練過程模式化的同時，**藉由重點練習和積極休養的轉換，該努力時好好努力，該休息時好好休息才是最重要的。**

成績停滯不前的跑者，每天做相同練習的人似乎不少。

另外，練習的路線最好有多一點變化。

比賽路線依據大會的規劃而有各式各樣的地形。有幾乎沒有上下坡的平坦路線，也有上下坡起伏劇烈的路線。或是過了痛苦難熬的30公里，上坡路段逐漸增加的路線。

實施練習計劃的路線變化越多，越能自然提高面對獨具個性的比賽路線的對應能力。

事先準備好各式各樣的路線，尤其在進行ＬＳＤ或慢跑時既不會無聊，就算是緩慢的配速，也能藉由多方面地刺激肌肉或心肺機能，提升訓練效果。

Column 5

達成破3不可欠缺的事③

絕大多數的市民跑者，快一點會在過了25公里左右速度開始減慢。假如沒有藉由平時的練習，培養超過三個小時以上活動身體的能力，後半段速度減慢，是理所當然的事。

半馬可以憑「氣勢」過關，全馬卻不能靠「氣勢」含糊帶過。因此，希望跑者做的是超過三個小時以上的LSD。可以用緩慢的配速，總之就是做身體活動持續三小時以上的練習。

練習時，盡量選擇有高低起伏的路線，效果會更好。途中有天橋等需要上下樓梯的路線也很好。只要路線中有上上下下的路段，就可以帶給肌肉不同於平地的刺激。同時，由於容易學會損失少、效率好的姿勢，所以可預防無意義的動作，將體力保存到後半段。

在迎風以及側風強勁的沿海或沿河等的路線進行LSD，能夠培養在任何狀況下都不會減慢速度的跑步能力。迎風或側風強勁時，將手臂放在低於平常的位置，注意做有節奏的擺動。

尤其是因迎風等因素出力而肩膀提起，容易使手臂的擺動變小，造成推進力下滑。對任何人來說，在迎風中跑步都是一件吃力的事，即使在那種情況下，只要一邊跑動一邊看著向前跨出的腳尖，就會產生「把腳更往前延伸」的意識，跑起來更有勁。

藉由這樣的方式多下一點功夫，即使是進行速度緩慢的LSD，「跑步的步幅」也會逐漸加大。並且不會被天候變化以及路面的上下起伏所影響，挺過容易意志消沈的比賽後半段。

第 6 章

砂田式比賽攻略

賽前一週的飲食生活

在這一章中，我將介紹如何在正式比賽上發揮最佳運動表現的訣竅。

在全程馬拉松中，不能忽視賽前的飲食生活對比賽當天的運動表現所造成的影響。除了平時就要多注意均衡的飲食生活，從比賽前一週開始，飲食上尤其要注意食物的質和量。

不局限於全程馬拉松，運動的兩大能量來源為「醣類」和「脂質」。作為跑馬拉松時的能量來源，更重要的是吸收率高的醣類。從正式比賽的前一週，要開始拉高醣類的攝取量，以「糖原」的形式儲存在肝臟和肌肉中。

醣類存在於米飯、麵包、麵食等主食，以及香蕉、柳橙等水果中。基本上可以從自己喜歡的食物中攝取，不過更貼近大多數日本人的飲食生活的食物，果然還是米飯。

一邊增加醣類的攝取量，一邊控制油炸物等的油膩料理，避免攝取過多熱量。據說在馬拉松的世界，體重增加1公斤會讓成績慢2～3分鐘，由於從比賽前一個月開始將訓練量遞減，這時若攝取過多的卡路里，將導致體重增加。

減輕體重很辛苦，要增加卻很簡單。好不容易達成為期三個月的練習計劃，只因賽前體重增加使得成績下滑那就太傷心了，還請多加注意。

關於比賽前幾天的肝醣超補法，大致分為贊成派或反對派，我個人是沒有特別反對。不過，只要從一週前慢慢增加糖類的攝取，並不需要在比賽前一天吃大量的義大利麵。

義大利麵會因為醬汁的種類不同，熱量也會跟著提高，假如要吃的話，我推薦鮮奶油及油脂用量較少的明太子或醬油調味的和風義大利麵。假如喜歡吃麵食類，不一定吃義大利麵，也可以選擇烏龍麵或蕎麥麵。

比賽前一天當然不用說，從比賽前一週，留意攝取容易消化的食物將變得越來越重要。尤其要注意醣類的供給源。米飯不是加入糙米或五穀米，而是白米煮熟的白飯；麵包不是全麥麵包或裸麥麵包，而是吐司或牛奶餐包；蕎麥麵也不要選擇生蕎麥麵或田舍蕎麥麵，而是選擇小麥粉含量較多的類型。

糙米及全麥麵包等等，因為膳食纖維含量較多，容易引起消化不良。

比賽當天的飲食方法

直到比賽前一天，都要以攝取容易消化的飲食為大前提，一旦到了比賽當天的早上，則要反過來攝取耐餓程度高的飲食。為了預防比賽後半段的「燃料不足」。

以不是飽腹也不是空腹的狀態站在起跑點上為最佳。因此，早餐要在起跑時間的2～3小時前吃完。

早餐的重點在於必須含有作為能量來源的醣類、耐餓程度高的食物。**我自己會在紅豆飯上撒一點鹽巴，配上一顆水煮蛋和一條熱狗。紅豆飯是糯米煮的所以耐餓程度高，撒鹽巴除了增加美味度，還可預防脫水和痙攣。**

早餐我也推薦吃些餅乾或烏龍麵。配菜有水煮蛋以及味噌湯就十分足夠。如果是這些食物的話，在遠征地點也可以準備齊全。

大量出汗並且持續運動，身體會損失「鈉」，腳或小腿肚容易抽筋，所以事先喝下鹽分豐富的味噌湯，就跟撒了鹽巴的紅豆飯一樣，都是為了預防抽筋。

比賽期間為了不要耗盡能源，早餐的營養補充很重要，但是嚴格禁止飲食過量。

即使大多數的人都明白這個道理，卻因為比賽前的興奮感，下意識地想要獲取多餘的營養而飲食過量的人不在少數，所以請用較不具爭議性的「八分飽」作為基本。

早餐後，移動中或抵達現場後到起跑前的這段期間，有的跑者會吃一點香蕉或能量果膠來補充營養。我本身無論是現役時代還是現在，早餐後都不會補充食物，不過我認為這是一碼歸一碼。消化吸收的能力、能量的代謝能力，就像快肌和慢肌的比例一樣，每個人有很大的差別，也會因目標完賽時間的長短而異。

因此希望各位參考的是，平常練習的ＬＳＤ和配速跑。

事先藉由2～4小時的ＬＳＤ或一個月前的30公里配速跑，利用訓練來模擬比賽。為了跟比賽同一時間起跑，早餐後的營養補充是否必要？如果必要，什麼時間攝取什麼食物最適合自己的需要？以上兩點請事前做好確認。

在前面介紹過的前3～2個月的練習菜單中，ＬＳＤ總共要做8次。重點在於，將每一次訓練作為模擬比賽。

結果就是，要是不補充食物，練習中就較會感到飢餓的人可以在比賽時吃點東西，練習時就算不補充食物也能夠跑到最後的人，比賽時什麼也不吃也沒關係。身體輕盈一點對比賽比較有利。

攜帶粉狀的胺基酸和檸檬酸

近幾年，我曾以不到3小時的時間跑完全馬，比賽中卻不曾發生過體力用盡的情形。因為包含不想多帶東西的原因，所以沒有攜帶能量果膠。

我覺得在事前的模擬練習中發生過體力耗盡的人，視需要（兼具「保心安」）攜帶幾個能量果膠的做法並不壞。

雖然我不攜帶能量果膠，不過我會攜帶粉狀的胺基酸和檸檬酸。目的是為了

在比賽中恢復疲勞。

無論是胺基酸還是檸檬酸都是在起跑前飲用，並非比賽期間每跑幾公里就要定期做補充，而是感到疲勞時在補水站攝取（攝取方法會在下面詳細介紹）。

肌肉除去水分後，幾乎是由蛋白質所構成，而蛋白質是由胺基酸組成。在馬拉松比賽中過度使用肌肉，會使肌肉的蛋白質分解，大量消耗體內的胺基酸，這會造成疲勞感。因此，藉由開跑前和比賽期間攝取粉狀的胺基酸和檸檬酸，可以預防肌肉被分解所產生的疲勞現象。

另一方面，攝取檸檬酸，有助於能量代謝，不容易累積疲勞。在馬拉松中，一旦代謝作為能量來源的醣類，將產生名為「乳酸」的物質。

若體內含有豐富的檸檬酸，就可以由肝臟將乳酸再度轉換成醣類，再度作為運動中的能量來源之一，就不容易累積疲勞。

車衣非常便利

我不擅長腰上戴著腰包跑步，所以將胺基酸和檸檬酸的粉末放在「車衣」背後的口袋裡帶著跑。

所謂的車衣，就是自行車用的上衣，背後大約附有三個口袋的服裝。原本不是馬拉松專用的服裝，不過可以隨自己喜歡在馬拉松比賽中穿。

事先在口袋裡放入200毫升的空容器，只要將粉末狀的胺基酸和檸檬酸以及在補水站拿的水加入輕輕搖晃，就完成了「速成特製飲料」。

請大家也在平常練習時試試看。若能抑制疲勞，感覺狀況變好，就可以在比賽時加以實踐。照道理說胺基酸應該不具利尿作用，不過似乎有人攝取胺基酸後上廁所次數變得頻繁，所以務必在練習時先試試看。

雖然要看起跑位置或比賽配速而定，不過比賽剛開始，跑者們的距離尚未帶開，補水站大多擠成一團，如果要補充水分，最好從10公里後比較合適。

秋冬的賽事，在比賽前段的前10公里，不補充水分應該也不成問題。也有從一開始的5公里或7公里的補水站就不間斷地補充水分，導致大腹便便難跑動的例子。

基本上，寒冷時期發汗量較少，水分攝取過多只會增加跑廁所的次數，恐怕會損失一定的時間。

按照計劃走是罕見的事

正式比賽要從目標完賽時間的均速開始。目標破4從平均速度5分40秒／公里、目標破3.5從平均速度4分55秒／公里、破3從平均速度4分15秒／公里開始，慢慢加快跑步速度為基本計劃。

加快速度後，破3的目標完賽時間會是2小時57分～58分，比目標快上2～3分，不過後半段，尤其是30公里以後，或許會沒有足夠的腿力加速，若把這部分的時間損失考慮進去，時間上就剛剛好。

大多數的跑者會以快於均速的速度起跑，所以相較之下，可以說是十分緩慢的起跑。

比賽時必須視當天的身體或天氣狀況而定，有時沒辦法按照原計劃執行，以預定的速度起跑。不如說，請做好「按照計劃進行才是罕見的事」的心理準備。

無論是配合周遭的高配速起跑過快，或是反過來被捲入起跑後的混亂中而起跑過慢，都絕對不要慌張。試著用平常心配合周遭的速度從容前進。

事情端看你怎麼去想。如果起跑過快，就想成是「預存了時間」，起跑過慢想成是「保留體力」，不要為此悶悶不樂，靈活思考就好。

比賽中段也一樣。一直無法用穩定的配速前進時，可以利用地形或風向慢慢調整配速。

比方說，如果起跑太快，就在上坡路段減慢速度，起跑太慢，就在下坡路段提升速度就好。同樣地，也有利用迎風減慢速度，順風提升速度的判斷方式。

基本上，在第一次參加的比賽，就像藉由事前練習，模擬比賽當天的飲食和食物的補充一樣，事先模擬路線是不可欠缺的。

如果可以，最好事前親赴現場勘察，但大部分的情況下很難做到。最低的限度，要利用公告於大會網站的路線圖，確認高低差等環境。只要搜尋市民跑者熟悉的網站地圖「runnet.jp」中的「大會報告」，就能瀏覽歷屆參賽者所提供的報告，賽前看過應該有助於將抽象的概念具體化。

總而言之，從平常訓練就要注重比賽，正式比賽時以平常心調整比賽。只要平常做到獨自一人的練習，就可以學會俯瞰比賽，根據狀況來修正自己的配速能力。

與配速員保持一些距離

近年來，在破4、破3.5、破3等目標完跑時間，分別設置「配速員」的大會越來越多。

配速員是明顯的目標，正因為如此，許多跑者容易像吸盤魚一樣，跟在配速員的身後擠成一團。補水站擁擠的情形也很多。

我也曾在某個大會擔任過破4的配速員，大家在補水站擠成一團。也有跑者相互碰撞跌倒的場面。耳邊不時傳來「你這傢伙！居然妨礙我補充水分！」的怒罵聲，在殺氣騰騰的氣氛下，膽戰心驚地擔任配速員……

基本上，根本不需要緊緊跟在配速員的身後來跑。

為了不被捲入混亂中，一邊用餘光捕捉配速員，一邊與群組保持距離，尋找

跟自己的步頻與步幅節奏相仿的跑者，把該跑者當作配速員，由他帶領即可。

即使配速相仿，跟在不同步幅的跑者後面，也有可能會打亂節奏，要注意。

附帶一提，在我參加「兵庫リレーカーニバル」3000公尺的徑賽時，我曾經跟在以2小時6分16秒的成績，成為日本男子馬拉松記錄保持人的高岡壽成選手後面。

高岡選手身高有186公分，跑步姿勢尤其有力。跟在他的身後時，高岡選手的腳甚至伸到我的面前，讓我有了這麼一段驚奇的回憶。

距離超過一半才開始倒數

大多數的跑者，會將每5公里的單圈時間，設定配速調整比賽。並且從起跑後，以5公里、10公里、15公里、20公里、25公里、30公里、35公里、40公里的間隔，在心裡倒數通過的距離。

事前的練習，最長只有30公里。將起跑到終點之間通過的距離，單純累積起來後，會發現「30公里以後是未知的世界」。這麼一來，內心逐漸升起一股「30公里以後或許會變得辛苦……」的不安感。也就是俗稱的「30公里的高牆」。

不過我認為，那只是大多數的市民跑者，在自己心中築起來的一道虛構高牆。

因為「通過30公里處了。雙腳或許會越來越沉重……」的想法而成真了。我想，最後因此而輸給壓力，壓得身體動不了的例子很多。

有個想法可以克服這一點。非常簡單。從起跑到一半距離前，以5公里為單位，以5公里、10公里、15公里、20公里的方式逐步地將距離延長。一旦超過一半距離後，就開始倒數剩下的距離。

我自己從現役時代就持續採用這個做法。

在一半距離（21.0975公里）的地點離終點20公里、在27公里地點離終點15公里、在32公里地點離終點10公里、在37公里地點離終點5公里。光是像這樣，看著剩餘距離從一半開始慢慢減少，心理上就很輕鬆。

基本上，20公里、15公里、10公里、5公里的距離，是練習時「熟悉

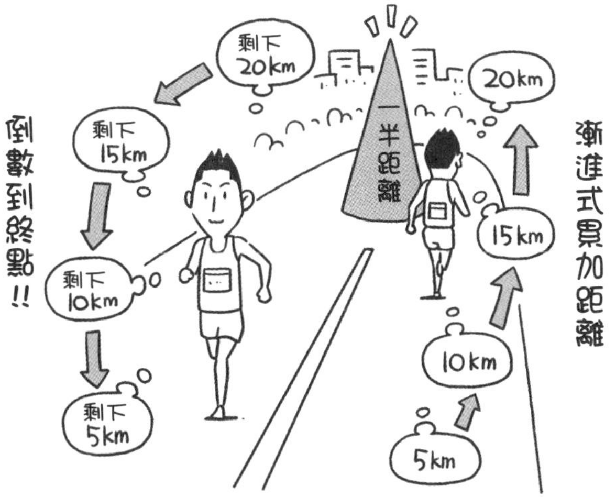

跑到一半的距離前計算累積距離，剩下一半的距離後開始倒數。

的距離」。那是跑過多次而且可以預測的距離感，藉由倒數這些距離，在處於後半段身心俱疲的狀態中，也能維持幹勁。

一邊回想起練習路線，一邊以「那個路線再跑一圈就抵達終點了」的想法，試著將比賽代換成透過練習已經很有經驗的距離感，力量就會湧現出來。

一旦切換成倒數方式，比賽和練習就會融為一體。就算過了30公里，只要想著「剩下10km」，我想就能夠保持強韌的心智。

藉由失敗經驗提升經驗值

後半段變得無法堅持，拖拖拉拉的跑著，速度下滑後，其中不乏出現步行或是中途棄權的跑者。有的是因為前半段衝太快而體力耗盡，有的是平時練習不夠，導致對自己的信心不足。似乎也有「好像會創下最差紀錄」而中途棄權的人。

這樣似乎把話說得很嚴厲，但我認為這樣的跑者沒有資格以更新個人最佳記錄為目標。狀況不好的時候用狀況不好的方式努力，才能帶領著自己前往下一個階段。

發生疲勞性骨折，或是嚴重的肌肉拉傷時，理應毫不猶豫地棄權，交由醫療小組來照顧，但若是還能走路，即使用走的也應該堅持走到終點。

請以直到最後一刻都不輕言放棄地抵達終點為目標。獨自練習的人，因為心理韌性夠，所以能夠頑強地抵達終點。

馬拉松的頂尖選手，也常一邊感到不安一邊參加比賽，所以能夠以成果作為糧食繼續成長。市民跑者雖然不是職業選手，但要達到破3.5或破3這樣的高目標，就像我一再提到的，「毅力論」也變得必要。因為馬拉松是心理素質占了七成的運動。

坦白說，我在現役時代也曾有過一次中途棄權的痛苦經驗。那是在1999年的「別府大分每日馬拉松」。當時因為傷勢剛痊癒，路線因道路修改變成急傾斜的坡地，必須傾斜身體才能勉強跑過的嚴苛路面狀況。因為這樣而導致途中腳痛了起來，我判斷繼續跑下去，好不容易治療好的腳又要出毛病了。於是決定在下一次的比賽復仇，便在30公里處中途棄權了。

由於當時的別府大分每日馬拉松，制限時間為2小時40分，很嚴格，所以後半段即使以用步行抵達終點為目標，也有很高的機會被回收車載回。

另一方面，因為肌肉拉傷剛痊癒就參加2013年的東京馬拉松，腳在10公里地點完全壞掉了。後來只能時而跑步時而步行，但幸好沒有被強制送還，順利地以破3抵達終點。

Column 6

以越野跑為主體的練習 有時會遇到停滯不前的煩惱

跑山路的越野跑雖然很受歡迎，不過我不建議以破3.5或破3為目標的人進行。全程馬拉松的比賽和越野跑不一樣，是在柏油路的路線上舉行。就算有一些高低起伏，和山徑相比路線較為平坦。以越野跑為主體的練習，實戰感覺恐怕不夠。

希望越野跑的愛好者事先知道一點，那就是越野跑和路跑相比，身體的動作會變小。由於是不平整的地面，無法像在鋪設道路上一樣，讓身體盡情地大動作活動，結果在道路上需要大動作跑動時，就容易感覺疲勞。

即使如此還是想一邊享受越野跑的樂趣，一邊以破3.5或破3為目標的話，請遵守以下兩點。

〔第一點〕進行越野跑之前，請做5到10分鐘的輕慢跑。之後用全力約七至八成的實力進行3趟的50～100公尺的短距離全速衝刺。由於可藉此增加髖關節的可動區域，所以即使進行越野跑也能大動作地跑動。

〔第二點〕在路跑的練習中安排跑下坡的機會。增加步幅，不踩煞車地跑下坡，可自然增加腳的旋轉次數。這樣一來，可以活化快速動作時所需的肌肉與運動神經元的連結。

像越野跑一樣，經常在變化豐富的山路做練習，換成路跑練習或全程馬拉松的正式比賽時，有時會對路線的單調感到無聊。心理層面不夠強韌，有可能無法努力到最後。為了不要感到無聊，刻意地一邊看手錶，一邊對速度做細部微調。無論是路跑練習或者是比賽中都要頻繁地確認速度，以遊戲的感覺遵守設定好的配速。

第 7 章

藉由超級馬拉松讓全程馬拉松變快！

一旦跑了超級馬拉松，全程馬拉松就會變慢？

在最後一章，我想稍微提及超級馬拉松和全程馬拉松的關係。凡是競賽距離超過正式馬拉松賽距離42・195公里的路跑賽，都稱之為「超級馬拉松」。就像在「序言」中提到的，我是100公里超級馬拉松的世界記錄（6小時13分33秒）保持人。

在市民馬拉松的世界，流傳著「一旦跑了超級馬拉松，全程馬拉松就會變慢」的說法。但是，我認為那就像是沒有根據的都市傳說一樣。

因為我本身在挑戰完超級馬拉松後出賽的全程馬拉松，以2小時10分8秒刷新了自己的最佳記錄。

近年來，有越來越多的跑者挑戰超級馬拉松。

附帶一提，我在市民跑者的世界，擁有類似被稱為「滿貫王（GRAND SLAM）」的「勳章」。我達成全程馬拉松的破3、跑完每年7月在富士山舉行的「富士山登山競走」（限制時間4小時30分）以及超級馬拉松的破10（10小時以內跑完）這三冠。

閒話到此為止。

只要活用超級馬拉松的經驗，就很有可能縮短全程馬拉松的時間。

超級馬拉松只要跟全程馬拉松一樣，留意「腹部跑法」和「旋轉跑步法」，就不會有動作變遲鈍、變小之虞。

由於超級馬拉松是超越全程馬拉松的「超長距離」跑步，所以身心都會獲得鍛鍊。我本身透過超級馬拉松強化了生理和心理，也在全程馬拉松的30公里後變得強韌。

我要一再重覆，馬拉松是心理素質占了七成的運動。一旦跑完距離是全程馬拉松兩倍以上的１００公里，就能夠消除對距離的不安。因為在漫長的道路中，鍛鍊出不放棄跑到最後的精神，所以面對馬拉松時，也能有充分的毅力跑下去。

以患有跑步障礙為契機挑戰超級馬拉松

原本是企業集團全程馬拉松選手的我，挑戰超級馬拉松的契機，始於右腳的運動障礙。

１９９７年，在我24歲時，為了治療右腳的「足底筋膜炎」而動了手術。像我們這樣的企業集團選手，即使跑步時採用負擔較少的旋轉跑步法，也會因為高速的跑動，使得支撐穩定腳底足弓的足底筋膜漸漸累積疲勞導致發炎。當負擔達到極限時，就必須要動手術。

我的現役時代，治療及復健的方法論不像現在被確定證實是有效的，所以是大多數的跑者身上帶有一些毛病繼續參賽的狀況。

身上帶有毛病，會因為越來越無法達到原本的訓練目標，使得成績因練習不足而停滯不前。以我來說，我在95年的福岡國際馬拉松，明明是以2小12分01秒的時間抵達終點，一年後在相同的馬拉松大會上，成績退步到2小時13分01秒。

變成這樣的話，只有以下三個選項。

① 忍痛繼續過著湊合著跑的競賽生活

② 下決心引退

③ 接受手術後，再重新投入比賽

我因為「與其忍痛違背意志地跑著，更想把腳治好繼續跑」的想法，於是選擇了動手術。

手術後的復健期間，當然無法練習，所以我多了很多時間去思考。在我左思右想如何回到比賽場上的過程中，腦海裡浮現的，就是挑戰超級馬拉松比賽。

於是我參加了１９９８年的「佐呂間湖１００公里超級馬拉松」比賽。這場每年６月在北海道的佐呂間湖舉辦的超級馬拉松，是日本最大型的賽事。

由於整條路線大致平坦，氣候也適合跑步，所以考慮到能夠減少對身體的損害，適合作為運動障礙初癒的復出戰。

超級馬拉松對策是只跑6小時

撐起日本男子馬拉松黃金時期的瀨古利彥選手以及宗猛・宗茂兄弟，為了減少對距離的不安，轉而對於比全程馬拉松更長距離的跑步抱持野心。

瀨古選手進行過88公里跑，宗猛、宗茂兄弟似乎在紐西蘭合宿做了130公里跑。但是，由於馬拉松的現役選手向來不曾在超級馬拉松比賽中展露光芒，所以周圍的人對於我的挑戰，都抱著「砂田到底在幹什麼蠢事？」的否定感。

當時，企業集團選手的配速跑，以平均每公里3分30秒的速度跑完30公里（或者40公里）為標準。所以，稍微減慢速度，以平均每公里4分的速度去跑，在7小時以內或超過的時間抵達終點。第一次挑戰超級馬拉松前，我的腦袋裡只有這樣籠統的概念。

手術之前，我一味地進行重視速度的比賽，不過手術之後，或許是因為不能勉強，所以當作「復健」，我想致力於培養體力以減少後半段的失速。

對超級馬拉松的挑戰也是復健的一環。腦中完全沒有以取得優勝、創新記錄為目標的念頭。超級馬拉松對策的練習，大概只有做6小時跑。

之後，到了比賽當天。由於去年的優勝者，同時也是當時１００公里超級馬拉松日本記錄保持人的三上靖文選手有參加那場比賽，所以我決定先跟在三上選手後面跑。

不過，三上選手從開跑就是以3分30秒的高配速飛奔吧？在我的記憶中，他通過42公里的時間大約是2小時28分。

三上選手在通過45公里左右的距離，速度突然急遽減緩。所以換我帶頭繼續跑。

在距離89公里地點稍微遠一點的折返點，前日本記錄保持人的近藤公成選手開口對我說：「砂田君，照這樣跑下去，會跑出世界記錄喔！」。

就算聽到那句話，由於我連日本記錄是多少都沒有注意，所以當時處於「１００公里超級馬拉松比賽的世界記錄是幾小時幾分？」的狀態。

事後調查後，才得知當時的世界記錄是由1992年比利時的選手，所跑出的6小時16分41秒。

因為是第一次挑戰超級馬拉松賽，所以後半段有些失速，不過還是以平均每公里3分44秒的速度，以6小時13分33秒的世界記錄抵達終點。附帶一提，三上選手隔年在相同的大會上取得4連霸，展現出超級馬拉松的實力者之姿。

以超級馬拉松為經驗更新自己的最佳記錄

在締造了100公里超級馬拉松世界記錄的隔年（1999年），我參加了福岡國際馬拉松比賽，以2小時11分03秒的個人最佳記錄名列第八名。跟手術前的成績相比，快了將近兩分鐘。

法。

照理說推翻了馬拉松界「一旦跑了超級馬拉松，全程馬拉松就會變慢」的說法。

2000年4月，我參加了法國舉辦的100公里超級馬拉松歐洲選手權大會，以6小時17分17秒取得優勝。大約5個月後（同年9月）的柏林馬拉松，再次以刷新個人最佳記錄的2小時10分08秒名列第4。

我相信這樣就徹底顛覆了「一旦跑了超級馬拉松，全程馬拉松會變慢」的說法。

附帶一提，我在2002年南非共和國舉辦的「Comrades Marathon」（全長約89公里，有1萬8000人參加，最古老、條件最嚴苛的超級馬拉松之一），以6小時01分37秒跑進20名。

只要藉由超級馬拉松消除對距離的不安，對全程馬拉松也會有利。我覺得可以磨練出以強韌心理跑完42．195公里的精神力。有興趣的跑者，只要試著挑戰一次超級馬拉松，或許會有新的發現。

超級馬拉松的練習方法在全程馬拉松練習的延長線上

為了想挑戰超級馬拉松的人，我將簡單介紹一下練習菜單。大致看過應該就知道，這跟在第5章介紹的慢肌優勢型的練習方法幾乎一樣。

這套基本菜單再加上，比賽兩個月前，最少進行一次為了跑完超級馬拉松的長跑訓練。

跟全程馬拉松一樣，練習時用正式比賽的70％的力量就ＯＫ。以緩慢的配速來跑也沒關係，如果目標10小時跑完就練跑7小時、目標9小時跑完大約練跑6小時30分。

長跑訓練不用一直跑也OK，途中也可以步行，因為是練跑順便模擬比賽的狀況。「持續跑多久會覺得痛苦到開始想用走的」，這些也會成為寶貴的資訊。除此之外，收集大約過幾小時腳的哪些部位會出現不適、多久後會呈現空腹等資訊，慢慢調整補充水分及食物的時機。

超級馬拉松和馬拉松最大

超級馬拉松的基本練習菜單

星期一	休養	
星期二	慢跑	15公里（90分鐘）
星期三	漸進加速跑	15公里
星期四	慢跑	15公里（90分鐘）
星期五	慢跑	15公里（90分鐘）
星期六	配速跑	25～30公里（比賽配速）
星期日	LSD	2～4小時

的差別，在於因為比賽時間長，所以必須一邊跑一邊補充食物。邊吃邊跑是超級馬拉松才有的體驗，請藉由長跑訓練的演練來體驗看看。

長跑訓練當然是安排在休假日進行。請事前決定路線，在途中的便利商店等地方購買食物和飲料，邊補充邊實施。目標是一邊消除對時間的不安，一邊鍛鍊身心的持久力。

帶著不安的感覺站在起跑點上，會在不知不覺間緊張起來。一緊張步伐就會變小，呼吸也跟著變淺。因為這樣，無法把速度提升到原先設定的配速，會從比賽開始就帶著強烈的不安全感，這些反應也會進一步造成緊張，形成一種惡性循環。

為了不讓這種情形發生，請務必在比賽兩個月以前進行一次長跑訓練。

Column 7

藉由長跑訓練學會節省能量的跑法

長時間的練習局限於週末進行的人不在少數。即使忙碌之中，也要達成破4或破3等目標的跑者非常多。

常聽到越忙碌的人越擅長時間管理，有效地利用時間，我認為這點也同樣適用在跑步的世界。

希望忙碌的跑者務必進行的是，1～3小時的「長跑訓練」。以能在設定的時間內跑幾公里為主題，進行速度提升的訓練。

不是「跑了幾公里」而是「跑了幾小時」。藉由不是以距離而是以時間為基準來跑步，產生「不容易疲勞又能節省能量地跑步」的心理作用。這樣一來，就可以自然學會不浪費力氣又有效率的姿勢。

另外，也有在週末積極參加比賽，藉以提升跑步能力的跑者。

在半程馬拉松以下距離的路跑賽中全力奔馳，具有提升速度的效果，卻對鍛鍊體力，在面對全程馬拉松的撞牆期，30公里以後不會筋疲力盡這點沒有幫助。進行長跑訓練，果然是不可欠缺的。

因此，我推薦的是，跑完距離在半程馬拉松以下的路跑賽之後的慢跑。

在比賽中用盡全力後，緊接著至少要進行30分鐘以上的慢跑。藉由從疲勞倦怠的狀態，再次累積運動身體的經驗，藉以產生比賽後半段的韌性。實際上，我曾經看過從比賽會場，一路慢跑回家的人的模樣。那些跑者或許從平常就在留意對自己必要的訓練。

結語

希望以自己最佳成績為目標，每天努力練習的各位讀者，經常留意一件事。

那就是「用自己的身體去感覺，用自己的腦袋思考」。

以近年來馬拉松盛行為背景，坊間出版了許多有關馬拉松的書籍及雜誌。有實際成績的教練指導的練習會，也是以都市中心為主，每週舉辦。

因此，用自己的方式將書上看到的或接受的指導實踐看看，會成為跑者成長的助力。只不過，希望各位不要無條件地相信與嘗試。

每個人的身高、體重、跑步方式等都不同。對跑步造成不少影響的生活習慣也因人而異。適合某個人的跑法，原本就只適合那個人。就像一樣米養百樣人，必須無窮盡地用自己的身體去感覺，一邊用自己的腦袋思考一邊探究跑步。

本書也是為了能夠成為大家的助力所寫的。本書從跑步姿勢到心理強化、平時的訓練和飲食方法以至正式比賽，寫了我有自信推薦給大家提升馬拉松技術的方法。

但是，相信應該也還是會有讀者在試著實踐後，卻發生無法順利進行的狀況。遇到這種情形時，當作是在累積經驗值就好。不要為此悶悶不樂，保持勇於面對接下來的挑戰的心態很重要。務必不要忘記保持勇於挑戰的心。

我認為馬拉松是反映工作以及家庭等一切日常生活的運動。要想進行訓練，日常生活節奏亂，就不能期望有個優質的訓練。生理和心理可以說是一體兩面的。

在平常的重點練習以及以自己最佳成績為目標的正式比賽時，想要兼顧生理和心理，日常飲食是最基本的部分。缺少了這部分，即使想在正式比賽做到適當的水分及能量補給，那就像在沒有地基的土地上蓋房子一樣，勢必無法將練習培養的跑力發揮到極限。

如果想在正式比賽時發揮實力，必須「從平常訓練就要想著比賽，事先累積經驗」。雖然這結論看似理所當然，事實上很多跑者都無法做到。

你是否曾在正式比賽的補水站攝取多餘的水分而造成大腹便便呢？正式比賽時，你是否有過攜帶太多能量果膠，導致姿勢崩壞的難過經驗呢？光是看這兩點，就可以知道有不少跑者平常練習時未事先演練過。

常常看到一些跑者，平常沒有透過練習增加經驗，到了正式比賽，卻補充超過身體所需的能量果膠，或是早早就補充水分。

再次強調，不要達成平日的練習菜單就自我滿足，更重要的是要時常留意消除並且改善比賽時的不安。

擅長調整比賽的跑者，會藉由練習來模擬比賽時的狀況，到了正式比賽，自然可以有個效率好的起跑，將練習所培養的跑步能力發揮到最大。

在這點上，我擔心的是通勤跑的實踐者。

到公司與回家時，在住家與公司之間跑步通勤的上班族越來越多，我只要看了跑步姿勢，大概可以猜到「這個人在做通勤跑」。

因為背著裝有東西的後背包跑步，所以肩膀容易往上抬，導致手臂擺動幅動小，步幅短且動作僵硬。

此外，我在夏天也常看到手拿著寶特瓶，或是帶著腰包跑步的跑者。這也是造成姿勢崩壞的原因。

忙碌的上班族，要在平常擠出時間練習，想必是件很辛苦的事。因此，如果要實踐通勤跑的話，請確實保持手腳的平衡，留意本書所介紹的「腹部跑法」。

時常把「用自己的身體去感覺，用自己的腦袋思考」放在心上，朝自己的最佳成績努力！

砂田貴裕

作者簡介

砂田貴裕

1973年生於大阪府。100公里超級馬拉松的現任世界記錄保持人（佐呂間湖100公里超級馬拉松以6小時13分33秒，平均速度3分44秒／公里締下記錄）。個人全程馬拉松最佳成績為2小時10分8秒（2000年柏林馬拉松）。一邊指導多數的市民跑者，一邊以招待選手身份參加許多場的馬拉松大會。

運動健身系列叢書

專家指導の正確伸展操
18X24cm　160 頁
彩色　定價 280 元

SSS 伸展操專業團隊，特別指導！
累計來店人數突破 36 萬人！
日本第一家伸展操中心，傳授令人大開眼界的伸展操

日常生活中能維持正確姿勢的人可說是少之又少。例如盤腿坐、長時間使用電腦或滑手機，以及站三七步等紅綠燈……，這些動作是否都出現在你的生活之中呢？

每天各種不經意的生活習慣，都會在不知不覺當中讓我們的姿勢變差，造成身體變得愈來愈僵硬。當然，在姿勢不正確的狀態下做伸展操，其實並不會帶來什麼改變。為提升伸展操效果，最重要的是先修正自己不良姿勢再做伸展操。

日本首家針對伸展操而開設的健身房，由專業的教練帶著你一起體驗伸展的美好，超清晰圖解搭配 OK 姿勢以及 NG 姿勢，想學不會都很難。伸展操的好處，不但可以維持正確姿勢、保有年輕，甚至瘦得健康。利用伸展使人進化、收縮使人老化的原理，一起確實感受身體的變化吧！

PROFILE

砂田貴裕

1973年生於大阪府。100公里超級馬拉松的現任世界記錄保持人（佐呂間湖100公里超級馬拉松以6小時13分33秒，平均速度3分44秒／公里締下記錄）。個人全程馬拉松最佳成績為2小時10分8秒（2000年柏林馬拉松）。一邊指導多數的市民跑者，一邊以招待選手身份參加許多場的馬拉松大會。

TITLE

超馬紀錄保持人的馬拉松訓練書

STAFF

出版　瑞昇文化事業股份有限公司
作者　砂田貴裕
譯者　劉蕙瑜

總編輯　郭湘齡
責任編輯　黃美玉
文字編輯　黃思婷　莊薇熙
美術編輯　謝彥如
排版　靜思個人工作室
製版　大亞彩色印刷製版股份有限公司
印刷　桂林彩色印刷股份有限公司
　　　紘億彩色印刷有限公司
法律顧問　經兆國際法律事務所　黃沛聲律師

戶名　瑞昇文化事業股份有限公司
劃撥帳號　19598343
地址　新北市中和區景平路464巷2弄1-4號
電話　(02)2945-3191
傳真　(02)2945-3190
網址　www.rising-books.com.tw
Mail　resing@ms34.hinet.net

初版日期　2016年7月
定價　280元

國家圖書館出版品預行編目資料

超馬紀錄保持人的馬拉松訓練書 / 砂田貴裕作；
劉蕙瑜譯. -- 初版. -- 新北市：瑞昇文化, 2016.07
176面；　14.8 X 21公分
ISBN 978-986-401-105-6(平裝)

1.馬拉松賽跑 2.運動訓練

528.9468　　105009491